U0040693

贏在溝通力

到哪都受歡迎的 4 門溝通課

勵活課程講師群 著

目 錄
Contents

chapter 1 ／ 心之章

chapter 2 ／ 語之章

別傻了！一切問題都出在溝通

吳永佳 資深暢銷書出版人／Career 就業情報前總編輯

日常生活中，溝通失敗的場景，隨處可見。

正處青春期的女兒，什麼事都不跟你說，還常對你喊叫：「你根本就不了解我！」；一直想跟女友提出分手，卻始終不知如何啟齒，只好擺爛；辦公室老闆的掌控欲超強，喜歡你凡事請示，每天報告，你卻心生抗拒，怕面對老闆，與老闆漸行漸遠；政治人物終日信誓旦旦嚷著「苦民所苦」，卻被民眾批評沒有「傾聽民意」……。

無論是在生活、職場、家庭中，許多的「做人」、「做事」失敗，或許我們未察覺，說穿了問題都是出在「溝通」。從我多年的媒體採訪經驗及觀察中，更深有體悟，即便是各行各業的成功人士，面對溝通課題，也常陷入困境苦惱。

沒辦法，只要是有人的地方，就得溝通；尊重他人是與你截然不同的存在，設法理解對方，並找到與對方溝通的正確模式及語言，這真的是說來容易、實踐困難；更不用說，溝通前我們還得面對自己的諸般情緒，先搞定內在的自我。

因此可以說，溝通真的是我們一生的課題啊！也無怪乎，坊間有這麼多關於溝通的書籍及課程了。

然而，拜讀完本書後，我覺得它特別之處，在於你會欣然發現，這 16 位講師不是生來就能言善道、長袖善舞、左右逢源，他們來自各個截然不同的領域及行業，也經歷各自的成長歷程。有人很早就確立自我的生涯目標，有人則經歷跌撞及摸索；有人從小就擅於表達、開放自信，有人則經歷羞澀、怯縮、甚至憂鬱的年少。

　　在成為大家心目中處處受人歡迎的「溝通達人」之前，這些講師走過的路，與你我其實相差不多。他們今日可以做到的，你也可以。

　　此外，坊間談溝通的議題，坦白說常過度著墨在「技巧」及「話術」；這樣不是不好，卻是有欠完整。「技巧」就像是武學中的「外功招術」，可千變萬化，亦可自成一家；然而除了外功，我們還是得修習「內功心法」，才能相互為用，化有形為無形，而不致於「走火入魔」。

　　這正是本書完善之處，它從心、語、身、舞四個面向下手。有「心」、有「語」，代表「內功、外功兼修」，將心理學及正念思維等養分，注入你的日常溝通行為；加上「身」，說明了表達及傾聽的面向，不限於語言、文字本身，還包括肢體語言及表情動作等傳遞出來的線索；再加進「舞」，更呈現了溝通的縱深，從哲學角度探討溝通的策略性思考。

　　相信本書將帶給您心（新）的啟發，讓您開始審視自己日常生活中無處不在的溝通情境，進而找出更有效、健康的應對心態及方式，人際關係更加圓融自在，家庭和睦，事業順遂，業績長紅！

為什麼這是本獨一無二的書？

許澤民 台北榮總物理治療師／企業培訓講師

市面上的溝通書籍很多，為什麼你必須多看這一本呢？

很多溝通書籍，寫了很多溝通原則，卻沒有具體的方法及工具；有些書籍有具體的方法工具，但缺了運用的場景；又或者囿於作者的單一背景，不見得容易將書的內容，套用在我們自己的工作場域上。

有原則的沒工具方法，有工具方法的沒運用場景，有場景的卻又限於一家之言。難道讀者不能有更好的選擇嗎？

答案，就在你手上這本書。

這本書集結了 16 位各行各業的頂尖專業人士，娓娓道來，當面對到各自的職業生涯之中最艱難情境的時候，他們是如何透過獨到的溝通方法，來突破困境，創造職涯的高峰。

或許你會想，那對我有什麼好處呢？

我本身是一位醫學專業人，同時也是一位培訓師。

身為專業人士，我們往往一頭鑽進自己的專長領域，對其他專業卻相當陌生。而這本書，卻能夠為我們開一扇窗，看到了不論是婚顧專家、諮商心理師、經理人、頂尖業務、座艙經理等等專業人士，最

獨特的故事和專業溝通眉角。

　　若你也是一位培訓師，那你會更驚歎於這本書的結構，因為這本書的作者群，除了專家身分之外，也都是常常在臺上分享的講師；而講師的職責，就是整理好自己的知識養分，讓聽眾當下好吸收，回去好應用。

　　現在，透過不同的專業，看到他們眼中的溝通風景，還能享用專家們把溝通知識，烹調成最營養、又好吸收的溝通力大餐。

　　如果今天您是不經意間路過書店，翻到本書，你只想看個好故事，享受閱讀的樂趣，那其實書中每一篇的脈絡，更多是從作者們的起心動念啟程，經過努力和溝通的鍛鍊，成為一個專業者的生命歷程。

　　有料也有趣，誠摯為您推薦本書！

從溝通 4 大面向 對治職場 7 種人

趙祺翔 TED Talk Master

許多人都害怕遇到職場中的小人，根據美國《Business Insider》雜誌統計了 7 大職場上最「要不得」的忌諱：1、愛講八卦；2、不知道適時說「不」；3、凡事先拒絕；4、推託一切問題；5、自作聰明；6、情緒化；7、過度政治謀略，想想看，你身邊是不是也有類似這樣的人？

有幸本次能為這本書寫推薦序，於是在新書出爐前先看了一遍，剛好對應以上 7 類人，我找到一點方向。

◆ 1、愛講八卦

與這種同事合作，事情永遠做不完，因為他總拉著你東家長西家短，最後造成工作被拖延。懂得溝通的人與愛講八卦的同事合作，要記得合作時就先開門見山談工作，先把工作做完，其它的事再說。和這樣的同事感情好、聊天聊太久，有時候一不小心，還會被其它人認為你的工作效率低。

◆ 2、不知道適時說「不」

與這樣的同事合作，剛開始會覺得是幸運的，因為對他提出任何

需求，他都答應；但是慢慢的這樣的幸運就會變成不幸，因為他總是喜歡當個好人，到最後會變得誰都討好不了，每件事都答應，結果造成每件事都做不好。懂得溝通的人，會先和這樣的同事議定工作分配，同時會定期了解同事的工作情況，這樣同事才能在時間內交出成果。

◆ 3、凡事先拒絕

第二個案例談的是事事都說好的同事，第三個則是相反類型，每件事都拒絕。和這樣的人溝通相當頭疼，懂溝通的人要如何解決這個問題？有一本書叫《黑道商學院》，裡面就談到在說話時要有一個準備—我會提出讓你無法拒絕的條件！用這樣的心情去準備談判的籌碼，溝通時不只是要促使對方做事，更要明確說出做這件事的好處與壞處。

◆ 4、推託一切問題

大家都不喜歡愛推託的人，但細想「推託」這個行為，本就是人之常情。每個人都不喜歡受罰，所以遇到問題的時候，常常第一個反射動作就是先找別人的錯誤。而懂溝通的人會在事先談好負責人（在一些企業會說當責人），並且以表格列出每個人該負責事項，以對治那個總是事事推託、又不願負責任的人。

◆ 5、自作聰明

在合作時總是拍著胸脯說沒問題，但提交成果的時候卻發現這個

人是問題一堆。懂溝通的人會運用反問法,在交辦工作之後,讓對方把該做的事再說一次,以確保兩人的共識一致,否則自己一個人無論再怎麼努力,也交不出團隊該達到的成果。

◆ 6、情緒化

在專業的職場,管理好自己的情緒也是專業的一部份,但也還是有人沒有這項認知。懂溝通的人會先照顧對方的情緒,讓對方進入可以合作的狀態。這種情緒影響力並不容易,但透過找到方法和技巧,經由科學化的練習,漸漸地也會內化變成自己的能力。

◆ 7、過度政治謀略

簡單地說這種人就是心機重、城府深、懂算計,甚至會為了自己的利益出賣別人。懂溝通的人不會和這樣的同事對著幹或起衝突,他會加倍小心同時做好防備,不會讓自己被人賣了、還為對方數鈔票,同時他會為自己發聲,不讓過度政治謀略的人隻手遮天。

本書談到了溝通中很重要的 4 大面向,「心之章」說的是溝通的心法,「語之章」談到了溝通的邏輯,「身之章」說的是溝通裡的非語言區塊,「舞之章」講的是實戰。溝通兩個字看起來雖然簡單,可真要做到並不容易,這本書可以說是把它都講全了。理解道理的這門功課,這本書已經為讀者做了,但是要如何付諸實踐,卻是另一門重要學問。

職場環境可以簡單、可以複雜,「人」佔了其中很重要的因素;但

回到一個簡單的思考，來到職場工作，有一個最基本的需求，不就是為了能得到一份薪水，可以照顧自己想照顧的人嗎？因此提升自己的溝通以及做人處事的能力，哪怕自己處在複雜的環境，也可以變得簡單，希望讀者能透過本書增進自己的溝通實務能力和思維，與您共勉之。

傳遞世代交替的薪火

黃聰濱 勵活文化事業創辦人／ 1766 網路廣播主持人

職場的瞬息萬變，在 2020 年的全球疫情中有了明顯的感覺；每個人都有了重要的課題：調整自己職場素養，去適應與面對所有波動、不確定、複雜且模糊的 VUCA 職場時代。

有鑑於此，勵活文化事業旗下的「勵活課程設計中心」，將企業訓練課程中最顯著的需求交叉比對後，邀請授課師資或職場達人，共同淬鍊出職場能運用的觀點或技巧。

淬鍊出來的精華，透過「勵活文創設計中心」集合成工具書籍，將有益、有用及有利的職場素養勝任力，以文字的方式傳遞給每位有需求的職場菁英們。

「贏在職場素養力系列」書籍，期許每本著作的每個文字都能成為種子深植讀者心裡，在職場成長的過程中發芽壯大，成為實際運用的能力，適應未來的挑戰。

文字能被傳遞，智慧擁有傳承，是世代進步的薪火。「贏在職場素養力系列」願為世代交替的薪火，廣傳文字、智慧深耕，為讀者們養成職場致勝的勝任力。

chapter 1

心之章

余憶如

01 好奇心＋同理心 溝通無距離

> **｜余憶如溝通金鑰｜**
> 有效的溝通是一場美好的交流，會因好奇心使然、也因同理心而感同身受。

　　婚禮是兩位新人在生命中重要的一刻，至少在那一刻，彼此承諾，互相扶持一生；而這也是兩個陌生家庭擁有新關係的開始，因為婚禮籌備不只是兩個人的事，同時是兩家人的事。

　　余憶如是一位籌備過 300 場以上婚禮的主持人，也在這過程中成為一位溝通達人。

　　籌備婚禮事宜，讓余憶如有機會接觸各種來自不同背景、不同職業，以及個性不同、年紀差距極大的人，而身為婚禮主持人的第一項功課，就是要努力學習「變色龍」的技巧。也就是說，在溝通時，余憶如得將自己的主頻率調整成與對方相同；在多數情況下，從籌備婚禮過程中與新人第一次見面時，她就必須成為一隻「變色龍」。

在與新人的溝通中，婚禮主持人必須了解新郎與新娘雙方的期待，當新郎說的話是有道理時，要支持他，並表示認同；而轉過身來面對新娘，更是不用說，余憶如這樣形容，「點頭必須如搗蒜，什麼都是對的！」，她會運用強烈的肢體語言表示認同，因為成為新郎新娘籌備婚禮時的好朋友，好閨蜜，是她的服務宗旨。

但不得不說的是，每一對要結婚的新人都會有不同的相處之道，要怎麼做才能看出誰才是溝通的重點對象？余憶如會在見面的當下，先以寒暄的方式來判定誰是意見的主要掌握者及發表者，在對談中找到合適的遣詞用字、講話的方式及調性，將自己的頻率與他們越調越近。

這是個有趣的地方，夥伴們常常覺得奇怪，每個人都有每個人的表達特色，或許是熱情型，或許是理性型，或許是安心型，但……就是看不出來她是哪一型？這時余憶如總是哈哈一笑，「因為我一直都在改變啊！我是變色龍型。」

如果客戶在溝通時很安靜，那她就會跟著表現平靜優雅；如果客戶溝通時熱情活潑，她也就熱情如火。「唯有讓客戶覺得，你與他們很接近，你是貼心的，這時他們才能把一生一次的大事放心交代給你。」余憶如指出，貼近的心，仔細的觀察，取得對方的認同，是成功溝通的開始。

更妙的是，直到現在，超過三百對新人從余憶如手上畢業，她所

服務過的每一對新人，都還真沒有一模一樣的！

⚷ 熱愛分享 自然而然成為影響他人的講師

　　正因為這樣豐富又特別的人生經歷，余憶如成為了一位講師。她覺得這份工作最為開心的，是在分享價值，當她所分享的東西不小心點燃了另一個人微微的火苗，也許自己就是改變對方生命的重要轉折點。

　　在日常生活中，她總是會聽著輕快的音樂而樂此不疲、看著韓劇裡的離別哭得死去活來、聽到勵志的故事為此動容而眼眶泛紅，她是用渾身上下的細胞在感受著生命中所有的人事物。她也時常在個人臉書的限時動態上，分享自己工作、生活上一些有趣、又或是從未見過的東西，例如婚禮時比臉還大、意喻「吃米香嫁好尪」、「圓滿與感謝」的爆米香、一條走廊兩側別緻的祝賀花籃……或是今天又看到了某一段話、哪一篇廣播節目、一本書的心得……這些在在都成為余憶如每日生活的養分。

　　余憶如同時也是一個心思細膩的性情中人，總想藉由這些微小卻能令她開心的事物，透過分享而漸漸影響身旁的人，讓大家都能不自覺間感染快樂因子。她常有機會受邀至學校演講，也在自己的專業中做團隊夥伴分享、職場輔導等等。當她盤點起自己的經驗及心願，她

總是不忘問自己：「我是否還能幫夥伴們增加什麼技能、或什麼樣的人生體驗？」

所以在工作之餘，余憶如也會去旁聽各種不同領域、各類型的講座，學習接觸不同事物、及其他優秀講師的授課方式。在個人專業上，她不斷接觸不同專業的婚禮，將過程及經驗消化吸收後，再為團隊夥伴進行教育訓練、授課等等。

而讓余憶如想為此更加努力的動力，是因為講師除了協助夥伴提升專業外，更棒的是，她可以藉由自己的舞台讓別人發光，在案例中舉出某位夥伴成長的模樣，讓大家注意到自己平時沒有注意到的優點，藉由不同思維創造正向影響力。很多時候，她會在課程後收到學員或夥伴的留言，「希望可以再上課，每次上課都感覺被充滿電。」、「謝謝憶如老師，覺得因為這堂課而被溫暖了。」

這些回饋讓她了解，成為大家的充電站，是她講師生涯的終極目標！她期許自己的每一句話、看過的每一個風景、經歷的每個過程，都能夠被解釋成生命所帶來的意義，而與大家分享，期待能有正向的影響，在人生的路上，彼此激勵，共同邁進。

🔑 最好的溝通是「把你放在心上」

既然是肩負一對新人的人生大事，余憶如必須得到客人最大的信

任，這也是她必須對此負責的開始。她經常與夥伴分享這個觀念，「溝通絕對不會是只有一方說、一方聽；溝通是雙向的！」當新人們向她分享了自己的人生故事，她也會給予他們相對的回饋，這就是一種溝通。

例如，她常協助新人們追溯一則故事背後的時空背景，找尋當年情竇初開的瞬間，或是在眾多片段回憶中、找尋新人們認同的人生價值，透過第三方的觀點，說明彼此嘴上不常說出的「愛」。

很多時候，因為訪談時彼此深刻的交流，才能加深溝通的效果，不但得到客戶的友誼及認同，也在工作上得到很好的成效！這就是用「心」去感受、用「心」去交談、貼「心」去溝通所得到的收穫。雖然每個人的工作及生活領域都不同，大家不妨試試看，開始用「心」去體驗別人的感受，並且以對方的角度看待事物，開始「心」的溝通。

🔑 同理的溝通這樣做

心的溝通，必須來自於「同理」，而不是「同情」。在觀看護理學家泰瑞莎（Teresa Wiseman）的一部影片「同理心的力量」後，余憶如第一次去分辨同理與同情的差異，看完影片後的當下，她開始思考，是否曾經不自覺地將自己的同情誤認為同理？

確實在許多時候，當我們接受對方的訊息時會習慣附和、或是希望用不同角度、做法去影響他人。但其實我們要做的事非常簡單，就

是把對方現在在腦中所想像的畫面，搬到自己的腦袋裡去思考，這就是同理。

她舉了個例子，當遭遇喜宴的前一週、颱風有可能要登陸的狀況發生，「同情的溝通」也許是這樣，「喔，颱風要登陸，那您的婚禮要延期嗎？我知道飯店還有其他檔期……」、「還是你們要減少桌數？沒關係，我們有兩桌預備桌，沒開席就不算錢，你們真地太幸運了！」這樣的溝通，並不能為新人們帶來感動。

而「同理的溝通」是如何呢？余憶如會這樣做。當一聽見颱風要登陸，她馬上跟新人聯繫，確認要出席喜宴的賓客是從哪裡來？怎麼回家？會不會有危險？如果有外島來的賓客，那他們的飛機或船班是否停航？又是否需要提醒他們多請兩天假提前出發？

其實每一個問句，都看得出與對方站在同一個出發點，設身處地替對方著想，這就是同理的溝通。也因為這樣的溝通，更能加深彼此的關係及信任，讓共同的目標能完美達成。

有些人說，同理心就是感同身受，但每個人的個性都不一樣，所感知的深淺、情緒的刺激起伏都不同，即使是雙胞胎，都很難有一模一樣的感受及認知。余憶如建議，平時不妨從身邊的朋友或家人開始練習，當你習慣同理，用「心」溝通，將會大幅增加你的好人緣，生活及工作也會更加順利。

🔑 用「傾聽」掌握溝通的類型及方法

　　大家是不是常聽到，籌備婚禮不只關乎兩個人，更是兩家人的事？有時候因為雙方價值觀的不同，所以在處理事情的認知上常會起爭執，甚至最後乾脆不結婚了！但當初不就是因為兩人想要永遠相伴才立下結婚的誓約，怎麼連禮堂都還沒跨進去就退縮了？而這樣的問題，往往來自於單方面只顧自己講，不聽對方講。

　　「溝通的目的，在於異中求同，共同來完成一件事情，或達成一個目標。你不聽別人說話，又怎能說出別人聽得進去的話？」余憶如道出其中關鍵。

　　而說到婚禮這件事，絕對要獲得對方 100% 的信任後，新人才會將自己與彼此的故事放心交給她。但如何在初次見面，短短前半小時的對話溝通中，突破對方心防，這需要一些技巧。

　　通常，寒暄時余憶如會先觀察對方的反應，判定新人今天來找她的目的。舉例來說，先跟他們打招呼：「嗨，你們下班趕過來，吃飽了嗎？」通常這時會得到四種回覆：

◆ 熱情開心的回覆：「對呀！我們剛下班過來，吃飽了～謝謝妳！」

◆ 笑得很靦腆，點點頭說：「嗯，吃飽了，謝謝。」

◆ 沒什麼表情，並急著避開你熱情的眼神，回覆：「嗯，謝謝。」

◆ 面露不耐煩神情的說：「嗯！」

　　傾聽以上不同回應，你就能簡單把溝通的對方分成以下四種類型：

◆ 第一類：外向樂於交流型
◆ 第二類：內向樂於分享型
◆ 第三類：想趕快處理完事情型
◆ 第四類：焦頭爛額型

　　前兩大類的新人，顯然身處於婚禮的粉紅泡泡中，正期待之後所要發生的事物，要不是自己對婚禮已經作足了功課，要不就是屬於樂天派，溝通起來通常沒有太大障礙。

　　而另外兩大類的新人，就比較嚴肅了。第三類的新人急於避開眼神，因為他不想再做多餘的言談，他們希望可以速速進入正題，趕緊解答心中的疑惑，才能進行接下的婚禮事宜。所以對他們來說，趕緊切入正題讓他們發問，才是最重要的。溝通時不能繞遠路寒暄，而是要簡潔有力地講述今天的溝通目的，讓他們儘快了解婚禮架構及流程。

　　最後的第四大類可不妙了，他們通常因為某些原因，被囚禁在不愉快的情緒中而一籌莫展，例如可能準備婚事的時間很急迫，或者雙方照常上班、照常加班；當兩人都很忙、又不得不處理婚事而被迫出席訪談時，整個情緒是焦躁的，思緒也十分凌亂，這時的溝通就要比

較小心。倒不是因為情緒上的害怕，而是談吐之中的用字遣詞、或討論事宜的責任歸屬等等，若一不小心說錯話，可能導致一波腥風血雨。

♪ 傾聽 才能聽出弦外之音

所以，傾聽是最好的觀察，余憶如總是樂在其中，經過傾聽，觀察著每一對新人的調性、脾氣以及他們的底線。當能正確的切入主題，讓對方從冷漠對待轉而滔滔不絕地傾吐，她都覺得非常開心，而最讓她充滿成就感的，無非是每一對新人從開始溝通到離開時的心情反差，從原本面無表情到最後滿心歡喜，每一次都是成功的溝通！

傾聽及觀察，能發掘事物背後的本質，幫助自己清楚溝通，並完成任務。余憶如曾經接待過一對新人，新郎開心並仔細地跟她討論婚禮的細節，以及希望與賓客分享的事項；而在討論中，新娘總是表示，「沒關係，跟別人一樣就好了。」

當下余憶如發現，似乎其中存在某些她不知道的狀況，因為明明新娘眼中充滿期待啊！在後來的旁敲側擊中她才知道，原來新郎家中並不富裕，新娘擔心額外的要求會增加先生的負擔，因此，「簡單並節省」，是新娘說不出的愛。於是余憶如抓到了溝通的重點，在不增加預算的前提下，她規劃了一個最完美的婚禮。

而最開心的就是新娘了！從那一刻起，余憶如時時告訴自己：「努

力聽出他人的弦外之音，並且對此負起責任，讓每對許下願望的新人都能圓夢。」

🔑 抱持正面心態 溝通不需要迴避

在剛進入婚禮主持人這個行業時，余憶如所面對的客人常大她十歲以上，當對方問說：「妳幾歲？看起來很小耶，妳做很久了嗎？」面對即將要讓她處理婚事的客人，她思忖：「該說實話嗎？還是要說謊？」好像怎樣說都不理想……。

但唯一不變的事實是，余憶如看過的喜宴場次，絕對比這些客人一輩子參與婚宴的場次多上許多。所以，她選擇用迂迴一點的回覆方式，「我真地的看起來有這麼年輕嗎？」、「可是我已經在公司很久了耶……。」、「你可能覺得我看起來年紀很輕，但是長輩們都來向我討教婚禮內容、甚至是不同宗教的禮俗喔。」

懷抱著正面且不畏懼的心態，用這幾句話來回答，往往大家都不會再針對她的年紀感到疑慮。她很明白，客人會這樣問，絕對是因為背後的不放心，他害怕一位沒有經驗的主持人搞砸重要的婚禮。

正因為體會客人提問背後的意思，所以她選擇以正面的心態去面對對方的不放心，並解除了客人的擔憂。「溝通不需要迴避，要迴避的，是自己的畏懼及負面的心，」余憶如指出。

🔑 好奇心 讓你發掘平凡背後的不平凡

余憶如特別喜歡跟大家分享她的職業，以及每天都要面對的許許多多的人，而擔任主持人一職，更像是「光明正大地在上班時間聊天交朋友」。對她來說，沒有任何人、任何一段愛情故事是一樣的！她總能做好每一次溝通，每次的婚禮不同，卻都是讓每對新人十足滿意的婚禮。

如果要她說有什麼特別厲害的技巧，她認為應該就是基於「好奇心」的仔細觀察，以及基於「同理心」的有效溝通。同她前面所提到，每個人都是來自於不同的成長背景、接受了不同的教育、擁有不同的興趣及價值觀。所以，每一對情侶都擁有最與眾不同的特質、及相處之道，等待著你以「好奇心」去發掘。

或許他們會說，「我們手牽一牽就在一起啦！」、或是「我們的故事沒有像別人一樣浪漫，也沒有韓劇裡的那些橋段。」、或是「都沒有什麼特別！就很普通。」，但對余憶如來說，再普通的小事都是新人兩人之間的相處之道，如果說硬要套用一個浪漫的梗在他們身上，反而不適合。她相信新人們的朋友就跟她一樣，「希望你們用最真的模樣，去迎接屬於你們的大日子。」

於是，她喜歡用「好奇心」去追問出一些蛛絲馬跡、再用她的「同

理心」去感知這一切，進而塑造最貼近新人心境的婚禮活動，以及最貼近新人感受的話語，來引發全場賓客的共感共鳴。

「溝通並不難，唯有用心才能讓人感心。」用「心」傾聽，用「心」觀察，用「貼心」的語言來說話，用「同理的心」去體貼對方，就不難做到從「心」出發的完美溝通！熱力四射的余憶如與大家共期許，人人都能成為生命的溝通師！

余憶如小檔案

· 桃園市婚禮產業發展協會 副理事長
· Be you wedding 婚禮顧問 執行長
· 起家厝 禮俗概念 創意總監

廖宇潔

02 心若美，溝通就美了！

一個人如果對生活、工作、和學習始終懷有熾熱的愛，懷有一種創造美好生活的強烈渴望，那他就永遠不會哀嘆自己看不到「美」。如果人們不僅能執著地追求美，並且能夠敏銳地發現美、自覺地創造美，那麼，不僅他們自身會變得更加完美，而且在人際關係的溝通上，也能會變得更加完美。

這是廖宇潔對於人際溝通的特殊角度與詮釋。在就讀復興商工的時光中，宇潔的老師特別喜歡帶同學們去九份或北海岸的漁港，讓同學們從混亂中找出美的所在。這讓她開始懂得怎麼從生鏽的工廠或斑駁的漁船中，觀察物質表面的變化與張力；從飛舞的垃圾袋找尋氣流的形狀，從碎玻璃中看到陽光折射的耀眼光芒。

藝術中有一種表現風格叫「賽博龐克」（Cyberpunk），賽博龐克的世界觀是以「低端生活與高等科技的結合」為主，同時是在外界與內在、鋼鐵與肉體、過去與未來、現實與虛幻等矛盾中交織而成；在廖宇潔的感受中，台灣就是這樣的一個存在。「我們有高科技的高級建築101大樓，也有鄉間傳承百年的寺廟建築；有空運送達的外地美食，也有產地直銷的新鮮蔬果。看似對立，大家的宿命卻連結在一起。」

　　她並引用道家思想中子綦所說：「大木百圍之竅穴，似鼻似口，似耳似枅，似圈似臼，似窪者，似汙者。」意思是樹上佈滿著形狀各異的孔竅，而這些千孔萬竅，被大風吹動所發出的聲音，有的像叱責聲，有的像呼吸聲，有的像叫喊聲，有的像哭號聲。這樣的天籟之音，就像是每個人類生下來都長得不一樣，內在思想也截然不同，因此，如何與不同的對象溝通，要運用美學的概念。

🗝 正向的心態、積極的言語力量強大

　　她在年輕時交過一個男朋友，對方年輕氣盛，好強卻又底蘊不深。由於太過年輕，男朋友常在跟別人攀比的過程中落敗，每一份工作都做不滿三個月，常常抱怨社會不公、自己才華無法發揮、遇不到伯樂，也為自己及周圍的人帶來很大的壓力。

與男友分開後，廖宇潔曾難過地在家裡感受著自己傷心的心情，而過去總是一直反對她跟男方交往、為此跟她吵過無數次架的母親，當時卻沒有口出惡言，還安慰著她說，對方會與她分開的原因，是因為自覺配不上她，跟她在相處時的壓力太大，所以才會轉而去找其他更差的女生。「雖然當時母親的話並不完全接近事實，卻也讓我發現，一句肯定的話語，對於一個人來說是多麼的重要！」她說。

　　廖宇潔還回想起另外一段故事，當初在她還不會騎車的時候，曾跟閨蜜同事約好，早上讓同事載她一起去上班。有一次她快遲到了，本來打算去搭計程車，但在正準備招計程車時，看到閨蜜騎著摩托車快速趕來。因為當下讓她省了計程車的費用，她不禁開心說道：「真是太好了，今天真幸運，我請妳吃早餐吧！」然後閨蜜就感嘆的告訴她，昨天閨蜜約會時遲到了，結果男友卻生氣的轉身留下她就走，所以閨蜜整晚難過得睡不著，但是聽到她這句話，心情瞬間好多了！當下聽到這番緣由，她才知道，原來一句正面積極的話語，或許就能給出很大的激勵。

　　法國雕塑家羅丹（Auguste Rodin）說：「美是到處都有的，只有真誠和富有感情的人才能發現它。」因為這句話，廖宇潔開始重新審視了自我的過往，將學過的藝術以及人際溝通上的學習做一個整合。她說：「每個人一定有他的優點跟缺點，如何明確看到他的優點並說

出對方的美，就是我的美學溝通。」

🔑 成長，是從廢石堆中看到小草生長的力量

與男友分手後，廖宇潔開始將更多的時間放在學習及改善溝通技巧上。她這樣形容：「壓力就像一顆彈力球，你越用力，回彈就越高；人生也是這樣，越遇到挫折，越代表我學習到更多。」雖然失戀不是段美好的回憶，但廖宇潔感謝前男友，讓她在人生中有所成長。

也是在那時候展現出來的韌性，讓她從當年的單機版遊戲開發，到線上 MMORPG、FB 遊戲，到現在的手機遊戲領域，一直不斷地在自己的專業上找到職場的一席之地。她開始用正向積極的目光去看待世界，就如同當年在校外教學時，從瓦礫堆中看到新芽生長的力量。她學著去看對方的優點，用美好的話講出來，也學著運用正向的心態，達到溝通的目的。

廖宇潔仔細回想童年，她是同輩中最小的孩子，為了吸引大人們的注意力，無意中學會撒嬌與說好聽的話，所以相對而言，她是比較受寵任性的；直到成長以後，曾經因為自己的驕縱任性處處碰壁。在經歷過許多人事物以後，她才發覺溝通是一門藝術，因而開始重新學習；而小時候的她，雖然會講好聽的話，但過於浮誇；長大後，她開

始用更寬廣的視野，以美學的角度來看待溝通在人際關係中的重要性。

🔑 美學溝通的基本觀念：斷、捨、離

古希臘哲學家柏拉圖說過，「美」亦常與「真」、「善」並提，對柏拉圖來說，這三者是沒有區分的，真善美三位一體，是人類的最高價值，其中，以善最為重要。藝術是建立於發自內心的情感，連結自我跟他人的共同感官，創造屬於我們之間的美學。而以這樣的觀念，我們可以來學習，如何以美學來讓自己在團隊中的溝通更完美。

廖宇潔借用一般人容易理解的「斷、捨、離」概念，來談基本溝通的美學。

◆ 斷－暫時斷掉情緒，想一下溝通的初衷何在。

為什麼要說出這句話？我們需要達到的目的是什麼？說出這句話是否能夠達到我的目的？還是反而會遠離我原本希望達到的目的？

在管理學家勞倫斯彼得（Laurence. J. Peter）所提出的「彼得原理」中提到，在組織或企業的等級制度中，人往往會因其某種特質或特殊技能，令他被擢升到不能勝任的職位，相反地變成組織的障礙物及負資產。

在廖宇潔剛開始當上團隊的組長時，她是一個很好的設計師，但

卻是個不懂的溝通的主管，常常感到自己就是彼得原理中所描述的「負資產」。剛開始她在面對他人情緒時，常常選擇正面反擊，而造成情緒的衝撞。後來她試著斷開情緒的牽絆，只是按照事實，明確地把下屬的錯誤或自己的要求說出來，找到了正面溝通的方式。

後來廖宇潔在電腦補習班教學的時候，有次學生問她問題，她教他重複口訣；但因為壓力及緊張的緣故，雖然學生嘴中念著口訣，但還是把習題答案做錯了。在那個當下，她十分生氣；冷靜下來以後，她開始想著有什麼方式，可以讓大家更學得進去。她參觀了一下其他老師的課堂，發現大部分的老師，都盡力營造一個輕鬆又愉快的環境，讓學員可以安心地學習；也發現在安心的氛圍下，學員的學習會更加快速有效。原來，如何創造溫暖又安心的對話氛圍，是溝通的最基礎。

因此在溝通對話時，要適時斷開自己的情緒，盡可能創造一個安全的氛圍，同時避免表現出負面的即時反應，或說出負面的話語。

就如同古希臘哲學家亞里斯多德在《修辭學》所說：「美是一種善，所以能引起快感。但並不是所有的善都是美的，必須既是善的又讓人感到愉悅，才是美。」而讓自己離開負面的情緒，才能達到這樣的美。

❖ 捨一犧牲最佳化，讓人人都能付出及獲得。

公平理論的基礎是，「自己的付出＋自己獲得的報酬＝他人獲得的報酬＋他人的付出。」

每個人都需要自我實現，需要幫助他人，這是一種「精神需要」，也就是「自我實現的需要」，基於潛力與創造力的發揮，以使自己日趨完善。在溝通的過程中，要以「自我實現」為基礎，激勵團隊中的成員，達到共同的目的。

例如在上對下的領導溝通中，主管必須先分清楚事情的輕重緩急，重要緊急的事情先抓住，讓熟練的老手去做；其餘較不緊急或比較容易的任務，可以讓比較資淺的下屬負責。不因為要求效果的最佳化，以能者多勞的思維，將團隊的責任讓優秀的員工過度承擔。

廖宇潔特別提到，自我實現的理念在家長與孩子的溝通中特別有效，這可以透過正面增強及負面增強，以激勵及非指責的方式，達到要求的目的。

正面增強——指藉由給予對方所喜愛的結果，激勵出正確行為。例如：家長以讚美的方式來激勵孩子的表現，例如孩子幫忙家務，家長可以這樣鼓勵，「你好棒喔，你幫了媽媽好大的忙，你真是一個乖巧的孩子。」透過正面的讚美，強化孩子實現「乖巧」的自我期待，讓幫忙做家事這個行為可以持續。

負面增強——指經由終止或減弱孩子喜愛的事物，減少孩子不當的行為重複出現。例如：孩子喜歡喝飲料、不喜歡喝水，家長可以這樣教導，「你喝的汽水太多，這樣你會蛀牙，看牙醫很痛喔。多喝水可以減少蛀牙，就不用一直看牙醫了。」透過強化孩子「不能蛀牙，因為看牙醫很痛」，達到改變孩子只喜歡含糖飲料的目的。

　　試著將工作分配給適合的人選，是主管必學的課程；如果沒有人選，那就用正負增強來培養一個人選出來吧！

◆ **離一脫離對完美的執著。**

　　廖宇潔曾經有一個朋友，在新任職的公司待過三個月試用期後，主管告訴他，「你是不是不喜歡這份工作？感覺你對公司沒有向心力，是不是考慮要直接離職呢？」她的朋友嚇了好大一跳，完全不理解主管為何會對他有這樣的認知。

　　後來朋友來找廖宇潔討論才發現，這個朋友非常重視職場倫理，所以凡事都只有跟同事商討，很少主動地跟主管討論，所以主管誤會他是個不積極的人。因此，在下對上的溝通中，不要怕在主管心中產生不完美的印象，不要怕主管知道自己在工作上碰到的問題，應隨時主動向主管匯報或詢問，這是職場上很重要的技能。

　　我們以前在學校唸書的時候，總是在作業完成之後，才會遞交讓

老師評分。但是出社會以後，我們會發現，其實事情永遠沒有做到「最完美」的時候，所以試著脫離對完美的執著，有時候「盡早出手」比「完美出手」更重要。盡力把事情做好，並且與群體抱持聯繫與溝通，就能維持良好的人際關係。

🔑 美學溝通的進階技法：真、善、美

美學是感性的學問，每個人的感覺都不盡相同，因此美是很難定義的。在美學的溝通中，找出最適合自己的風格最為重要，廖宇潔提出了美學溝通「真、善、美」的技法應用。

◆ 真─真誠讚美，善解人意。

美與真是一回事，這就是說美本身必須是真的。德國哲學家黑格爾（G.W.F. Hegel）認為：「讚美要與事實吻合，而不是流於表面。」與其誇讚一個女性，「妳真漂亮！」不如跟她說：「妳的衣服搭配得很好，妳品味真好，穿起來襯托著妳真漂亮！」會更深得人心。

觀察對方的表情，會在相處的時候照顧到他人的感受，也能做出有技巧的溝通。廖宇潔剛開始當組長的時候，因為不好意思指出他人的錯誤，只是自己事後默默修改，後來發現在很多次的專案製作時，下屬都會犯下一樣的錯誤。後來她才知道，基於真誠的心態，善意地

指出對方的缺點或是可以修正的地方，是讓對方更好，也讓兩人之間的磨合更緊密。

◆ 善─學會欣賞，以柔克剛。

「美學」一詞的原始意義是「感性的感受」。我們的喜好其實就是自己的主觀，如何在溝通中調整自己的主觀感受，廖宇潔應用了三個切入點。

1. **不只肯定行為的結果，也肯定行為的過程**：例如下屬雖然專案績效不算理想，但願意留下來加班，也積極請教前輩需要修改的部分；這時要站在「肯定他的努力」這樣的立場給予鼓勵，而不是純粹以績效要求的心態來溝通。

2. **不只肯定行為本身，也肯定行為背後的意圖**：例如下屬不完全依據 SOP，以更快速的做法達到目標。這時要脫離「他不守規矩」的主觀，以「肯定他的效率」這樣的心態來溝通。

3. **賦予行為新的意義或價值，找到它們的正向功能**：例如同事總是天馬行空、不拘小節，顯示他在創作上容易想出不同於他人的點子。就要脫離「這是個跳 tone 的人」這樣的主觀，以「肯定他的創意」的心態來溝通。

透過以上三種方式，從心態上改變對一個人的定義，當你改變對待對方的態度及溝通方式之後，你會發現對方對你的態度也會慢慢改

變，與對方的溝通也更順暢；慢慢地，身邊會開始充滿著「善」的循環，經過一段時間後，你會發現，人際相處及溝通會變得更簡單、更順利。

◆ 美一相信正向的強大力量 ◆

曾經有連續三年時間，廖宇潔剛好帶到同一個班級，跟這一班的學生有很高的彼此信任度，那是一堂專案管理的課程；基於彼此的信任，她做出一個不同於傳統的決定，她不指定主題，而是讓同學彼此溝通，投票選出他們想要製作的專案內容。

投票後同學們決定去淡水那邊進行校外教學，做觀光導覽及舉辦活動的專題，其中 10 位同學負責規劃路徑，每到一個景點，就會有人上來先解說當地的風俗民情，另外 10 個同學，規劃到達景點後的團體活動，增加互動性。

在校外教學後的下一週，不同於以往學生只是因為課程需要才上台報告，學生們居然主動要求上台分享專案心得；不僅如此，同學們還主動去做班上的問卷調查，溝通整理可以修改的部分，討論下次應該如何調整。她才發現，正面的「信任與合作」，能發揮的力量有多大！

因此，在美學的溝通中，要隨時保有正向的心態，摒除既有的成見，主動去做一些思考及觀察。例如下屬在工作上的表現傑出，這時

要以正向的激勵給予喝采，讚許他的表現；例如朋友因為失戀而沮喪，要站在正向的同理心來對話，幫助朋友遠離情傷。

17 世紀文藝復興時期的英國哲學家弗蘭西斯‧培根（Francis Bacon）說：「讚美者心中有朝霞、露珠和常年盛開的花朵。」欣賞他人的優點，我們就能贏得朋友；為他人喝采，我們就能得到感激；把敵人變成朋友，我們就沒有敵人。學會欣賞他人，就是學會不與自己作對；學會為他人喝采，學會自己給自己鼓掌，就是學會溫柔地與世界相處。

抱持正向的心態，不陷入負面的主觀，學習美學溝通中的「斷、捨、離」概念，再運用「真、善、美」的溝通技巧，以正向積極的語句來說話，你就能成為優秀的美學溝通大師。

廖宇潔小檔案

網路廣播主持人，任教於科技大學遊戲系。特別擅長用遊戲化教學法來貫穿課程，讓學員現場思考及討論。透過實務與切身經驗，應用新知激發學員的自身力量。

專長：AR/VR 體驗、行銷 APP、創意思考

蔡宜寧

03 良好的溝通，
源自於體認對方的主觀感受

| 蔡宜寧溝通金鑰 |

問題本身不是問題，如何應對才是問題。

——薩提爾（Virginia Satir）

覺察是改變的開始！

許多受歡迎的講師，原本的工作、甚至現職就是專業的諮商心理師，透過本身學識的素養、職場生涯中的經歷，往往能一針見血地指出學員問題所在，進而幫助學員走出生活的陰霾，找到新的方向，而蔡宜寧老師就是其中代表性的人物。

她來自於一個傳統的藍領家庭，父母都是勞工階層；由於深受傳統文化影響，對子女的教養比較權威。在四個兄弟姊妹中，蔡宜寧排行老三。

由於跟上面兩個姊姊的年齡差距比較大，蔡宜寧在家中扮演的，

是一個「沒什麼本事、聽話的小妹妹」；而在弟弟面前，她又是一個「負責任的小姊姊」。

🔑 人際互動的開始，來自於觀察

或許因為是排行居中的孩子，她比較不容易受到父母關注；所以從小，蔡宜寧就學會察言觀色，透過觀察取得協調，並扮演著不同的角色，討好不同的對象，做一個貼心的孩子。這是她學習人際互動的開始，由於家中經濟較為辛苦，她常常需要犧牲自己的需求，不敢表達自己的內在渴望，嘗試在權威管教的家庭中，迎合每一個人。

在國中小學階段，蔡宜寧說，她是一個學習低成就的孩子，注意力無法集中，過目即忘，成績並不理想。在家中，父母的眼光往往不在自己身上，她覺得自己是渺小的，不受關注；但另一方面她倒是樂於與同學相處，下課時間是她最快樂的時光，在同學眼中，她一直是一個不計較、好相處的朋友。

在那個還有聯考的時代，蔡宜寧沒有達到高中錄取標準，當年學校裡也沒有什麼生涯輔導單位，她求助無門，感到不知所措。在那個慌亂的當下，父母為她到處奔波打聽，想了解她還有哪些選擇？還有什麼學校科系適合她就讀？那是蔡宜寧第一次深刻感受到父母對她的接納；後來她選擇了幼保科，父母也給予尊重。

高職三年成為她人生第一個轉捩點，她很享受在與弟弟及其他小輩的相處中，那種當姐姐、一起玩的感覺。在學校裡，蔡宜寧找到自己人生的興趣，學習與孩子互動，也參加了校內說故事比賽，還得到冠軍。

　　蔡宜寧說，這是她人生首次得到第一名，也才覺察到，自己其實很會「說話」，她把說故事變成自己的強項了。那段邊玩邊讀書的日子，她非常有成就感，也為未來將從事的幼兒教育、特殊教育、心理諮商輔導等等，打下堅實的基礎。

　　因為學科還是她的弱項，接下來的四技二專，蔡宜寧又落榜了。但這次她並沒有太多惶恐，因為她已經知道自己想走的路。由於家中經濟因素，她選擇去擔任半年的幼教師，一方面充實經驗，一方面賺取補習費重考，而後順利考上大學青少年兒童福利系。

　　四年的大學生涯，蔡宜寧過得多彩多姿，還擔任系學會會長，學習培養領導力，參與並帶領成員執行各項活動。

🔑 走在輔導溝通的路上，助人同時自助

　　大學畢業後，蔡宜寧在學校擔任資源教室老師，有將近十年的工作經驗，她的工作是協助特教生在校適應、提升自我效能，並找到自己存在的意義及價值。運用在高職及大學所學的各項輔導知能，在工

作後期帶領特教生戲劇團體並成立劇團，並在校外公演。她也協助一般生做自我探索及生涯規畫，探索自我的過程中，並找尋人生方向。

蔡宜寧謙虛地說，那時因為經驗不足，加上過去對於自我價值的認知較低，遇到許多學生的問題，處理起來還是常常卡關。但由於她的努力及開放的態度，依然成功地幫助了許多學生。

但有一次，她遇到一個內心創傷的特教輔導個案。這個學生由於成長過程中遇到的挫折，較無法適應學校生活，在她認真努力的付出後，這孩子慢慢在改變。但在長達數年的輔導期間，孩子對她開始產生依賴心態，甚至會跟蹤蔡宜寧回家，這對她而言產生許多自我懷疑。

她努力地與孩子溝通，協助孩子行為設限的過程，反而造成他對蔡宜寧的印象改變，甚至把蔡宜寧投射成過往他一直在抗拒的角色；蔡宜寧失去了輔導對象的認同，甚至在蔡宜寧做出另一個人生規畫、正辦理離職準備就讀研究所時，這個孩子竟然衝到她的辦公室，把辦公桌上的東西全部掃到地上。

這事件讓蔡宜寧的心靈深受衝擊！一直以來，她以為自己是個受歡迎的人；但這次的經驗，迫使她開始省思：「在溝通中，其實我不需要刻意討好對方，而自己的內心要堅定，個案的議題也敲到自己的議題幫助自己快速成長。」

在就讀家庭諮商與輔導研究期間，碩士班楊蓓老師曾言：「建設性

的關係更甚好的關係。」她花了大約半年的時間整理心境，重新理解自己，學習調整溝通中的互動，建立穩定的自我價值感。她辭掉了全職的工作轉為兼職，專心於學業，往家族治療的學習邁進，同時提升自己在自我覺察及心理專業上的知能。

這是蔡宜寧人生的第二個轉捩點，在就讀研究所的期間，她將過去職場挫敗的經驗轉化，將自我的議題重新整理，重新審視自己所學，進一步學習更用宏觀的視野看清楚問題的本質，透過家族治療的體系，找到系統合作的方式，協助輔導對象做出正向的轉變，溝通的能力也再度提升。

從一對一的諮商、到一對眾的演講教學

現在的蔡宜寧是行動諮商心理師，與各階段的學校、教育機構、及社福單位合作，工作型態多元且豐富。她也從事演講工作、個人，家族、及團體的諮商，也擔任研究所實習生督導的工作。

由於過去在大學工作時，常常得參與班級講座，推廣心理衛生初級輔導；後來經過校內老師推薦，成為校外合作講師，蔡宜寧經常得到不同機構輔導授課。在研究所畢業後，她依然在心理諮商及治療的工作中努力，又與「勵活課程設計中心」合作，積極將工作的實務經驗生活化，大力推廣心理衛生觀念，並協助民眾及學員們自我成長。

由於具備社工與心理諮商的背景，蔡宜寧擅長於團體動力的即時掌握，專注於人際間的互動，真心相待。並能在學員的立場，去理解他們的期待，針對學員的需求設計符合需要的活動。

　　蔡宜寧說，「因為心理諮商的經歷，讓我擁有豐富的案例實證可以分享，能幫助學員覺察自己問題的根源，找到解決的方法。」

　　講師的角色，是諮商心理師的工作內容之一，透過心理衛生推廣中初級預防的教育，來協助學員提升自我覺察的能力，幫助學員在生活上能有自在心，幫助學員去看見應對問題的各種可能性，持續協助更多需要協助的人們。講師這份工作，讓蔡宜寧走出諮商室，從一對一的諮商及輔導，到課程及演講中一對十、一對百、甚至更多的諮商及輔導，與更多人互動，幫助大家變得更好。

　　「我希望幫助大家，在有限的情境下，創造無限的可能，甚至在不可突破的外在限制與社會框架中，去面對人生中的挫折與失敗，繼續成長。」這正是蔡宜寧對自己最深刻的期許。

✂ 從「心」出發的溝通

　　從心理諮商的角度看待溝通，蔡宜寧認為，良好的溝通源自於體認對方的一份心意，也就是體認對方的主觀感受，以對方的需求為基礎去看待事物的傾向。而主觀感受，指的是個體可以擁有的觀點、經

驗、意識、精神、感受、欲望或信念等。

而這份心意的開始，人們需要了解自己，探索自己，自我覺察，並從自己的認知中來感受生活中的人、事、物。從原生家庭、社會文化、學習成長的經驗中，不斷塑造新的自己，從主觀經驗出發，去理解客觀的狀況，並追尋背後的真意。

我們常常透過身體去感受心理的狀態，或者透過表達（語言及非語言）思考，並探索自己內在渴望，感受心在說些什麼！以這樣的觀點，透過詢問與觀察，我們就可以了解對方心中的渴望及感受，做到良好的溝通。

在諮商室裡，蔡宜寧常常先問來需求協助的個案人：「你來這裡，希望我能做什麼？我能協助你什麼？」透過對話，可以幫助溝通中的對方，聚焦自己的渴望跟目標。

常常也有些個案人會回答：「我不知道，但我希望得到幫助。」這時蔡宜寧會透過進一步詢問的方式，以典型的一天來了解溝通對象的狀況，例如一天中飲食跟睡眠的情況，藉此理解個案人心理及生理間產生了什麼影響。有時她也會透過視覺化的方式，協助個案聚焦自己的目標感受，運用表達性的媒材，例如牌卡、沙遊物件、遊戲治療媒材、投射性的道具等，用心去體會對方，協助個案探索自己·

在用「心」去了解對方的問題及內在的意識後，蔡宜寧認為，最

好的溝通方式，就是「把你放在心上」，但如何才能實際擁有這樣的技巧？她引用了知名家族治療大師薩提爾（Virginia Satir）的溝通三要素：自己、他人跟情境。

當我們了解對方內在的渴望，找到與對方互動的目標，那就需要達到這三個要素的平衡，產生一致性的對話，讓彼此能真誠交流，達致彼此的目標，而不只是以自我單方的需要、或對方的單方需要為立場。

蔡宜寧提醒，切莫過於陷入對方的思維及情緒，在溝通中做出「討好」、「指責」、「打岔」、及其他「超理智」的行為。而是站在對方的認知中，面對自己深層的感受，開放自我，穩定彼此的情緒與整體情境，做出一致性的溝通。

在一致性的溝通時，我們的意圖、舉止、言談、聲調、以及表情，都能處在一個一致性的狀態，讓對方感受到我們的真誠，而不是虛偽應對，自然而然，就能達到共鳴的狀態，打破溝通中的障礙。

🗝 同理心 在家庭中要及早培養

想要與對方達到共鳴，必須仰賴同理的能力。同理心是一種「感同身受」的心，站在對方的位置去感知對方的感覺，這樣的換位思考往往來自於自我的人生閱歷及體驗。在工作領域中，蔡宜寧服務的對

象，有不少是患有自閉症的學生，自閉症患者通常給人的印象，就是封閉在自己的世界裡，無法感知外界。

他們因大腦的鏡像神經元較無活化，在「感同身受」這類社會行為上顯得較為困難；但我們同時也發現，自閉症孩子特別能感受到母親（或主要照顧者）的情緒狀態。與母親共同生活的自閉症孩子，當彼此關係當太過緊密時，孩子會只關注在母親的狀態，無法讓自己成為獨立的個體，在同理他人的感知也特別困難。

將這現象轉換到現實的世界裡，現代人的自我主觀都相當強大，尤其是來自於晚熟世代的年輕人們，我們經常見到他們過度的自我膨脹，在那樣的心態下，就很難與他人達成同理。而要培養同理的心，首先要能脫離封閉的自我，適時的將自己分化，訓練自己能有「異地而處」的能力。

在家庭中及早培養孩子們的同理心，對孩子未來的人際關係及成長非常重要。蔡宜寧建議，父母不應該過度滿足孩子的需求，這樣會讓孩子沒有機會練習換位思考的能力。

上一代的父母相當辛苦工作，最多只能滿足我們基本的需求；而當我們這一代成為父母後，對父母有許多未滿足的期待，因此教養孩子時，有時也會過度教養，孩子的行為也常反映父母的議題。另外，適時的讓孩子與父母分化，不要讓孩子過度依賴，也不要過度寵愛，

適時的給予孩子獨立自處的訓練，這也能讓孩子提升同理的能力。

🔑 如何聽懂他人的「弦外之音」？

在傾聽時，除了張開耳朵聽之外，眼睛也要觀察非語言的訊息；因為語言可以防衛，但身體的姿勢無法騙人，要能讀懂對方的肢體語言。在傾聽的同時，還需要做很多的核對，因從訊息的傳遞，到我們得到訊息後的理解，往往都有所遺漏。

有時對方也會過度解讀我們的意思，或者受到許多自我價值觀的影響，只解讀他們自己理解的部分，因此，我們需要許多的對話來核對。例如，「是的，我大概懂了，你理解的是……。」；而有時候我們也不確定自己完全理解了對方的意思，於是可以這樣說，「我大概明白了，你說的是……。」

而在家庭的溝通中，有時候我們會受到其他「外在因素」的影響，這時必須將所有現象當作一個「系統」看待，才能掌握事物的整體面貌。例如家裡的父母跟孩子三個人，媽媽會覺得自己跟孩子說得很清楚了，但孩子聽完不能完全理解或遵守媽媽的要求，於是媽媽對孩子發了脾氣……；但有的時候，孩子的不適當反應、或者敷衍回應的習慣，其實跟父親是有關的。怎麼說呢？當你將「父親」這個因素放進來觀察，可能是媽媽長期看輕爸爸，因為對爸爸太失望，轉而將生活

重心過度放在孩子身上，造成孩子極大的壓力，因此對媽媽的要求產生抗拒心理，不想理會。

所以，傾聽不能只用耳朵傾聽，有時候要回到彼此關係的議題上，透過感官的認知去理解各種可能性。

許多社交障礙，來自於自我認同低落

同時，要能掌握對方的初步性格及喜好，才能做出正確的對應，不會在溝通的過程中冷場或跑離主題。

蔡宜寧建議，透過接觸大量的人群，或者透過觀看影片的方式來學習，這樣的經驗積累相當重要。另一個方向是加強對內在自我價值的認同。她曾經輔導拒學、社交畏懼、焦慮症的學生，他們在人際互動上有極大的困難，但有時不是這些孩子難以理解對方，而是對自己沒有自信，不敢適時的呈現自己、開放自己，過度擔心別人對自己的評價。

所以，想要掌握別人之前，先得能掌握自己，認同自我的價值；維持開放的心態，樂觀的融入人群，並且積極的學習，都能幫助自己在面對陌生人時可以破冰，拉近彼此的距離。

溝通對話時，難免會出現不良的回應，我們多少會有壓力，在那個情境下，我們常會產生一些求生存下的即時反應，例如抗拒、敵視、

脫離、冷漠以對等等。我們要維持心境的穩定，覺察負面的即時反應，跳脫惡性迴圈。當面對面臨衝突時，冷靜的面對，並以同理的角度面對共同問題，讓彼此能接納自己的情緒及失落，承擔彼此的責任，再進一步的溝通。

然而，提升自我覺察及反思的能力，做一致性的溝通表達，堅定的認同自我價值，透過自我學習，積極參與溝通的相關課程，自然就能脫離溝通中的衝突，成為受人歡迎的溝通大師！

蔡宜寧小檔案

· 吾心 文教基金會 特約諮商心理師
· 北市、桃園家防中心 特約諮商心理師
· 文山景美社福中心 戲劇治療暨家族治療師
· 忠義、善牧、雅文、家扶 基金會 合作諮商心理師
· 勵活課程設計中心 講師

郭耀峰

04 善用正念，
創造簡單舒適的人際關係！

| 郭耀峰溝通金鑰 |

正念，注意你的念頭、感受和身體覺受，正確地回應對方的
行動，創造另一個空間進行人我溝通。

　　人生閱歷豐富的講師，通常能有寬廣的視野，用更高的角度看待
事物，給予學員更多的指導及分享，郭耀峰老師就是這樣的典型。

　　年少時，郭耀峰的興趣就很廣泛，除了心理學，他對英文很有興
趣，也培養了極佳的英語能力。因此，踏入社會後，他的第一份工作
就是東南旅行社的國內英文導遊，面對的是來自世界各國的觀光客，
許多都是利用閒暇出遊的商務人士。

　　在遊覽車上拿起麥克風，郭耀峰除了介紹台灣各地的風土民情、
飲食文化、建築、故宮文物、歷史等等，也專注傾聽每一位旅客提出
的好奇與問題，展開了人與人溝通的社會活動與生活，學習掌握著傾

聽的基本態度，同時滿足旅客的求知慾、與被尊重的需求。

他說，「當時的我只是抱著一份熱心與真誠，沒想到在結束行程的道別時刻，手中滿滿都是客人塞給我的小費，真地很有成就感；甚至離別時的一個擁抱，代表著客人的肯定，那種滿滿的幸福，帶給我更大的滿足。」

幾年後，由於績效卓著，郭耀峰被調任到海外部擔任外語領隊，也參與海外旅遊行程設計，正式開始了海外旅遊的生涯。他帶領國內旅客到嚮往的國家旅遊觀光，每一次與旅客的接觸，都抱持著「一期一會」的心態，當作是他一生中唯一的機會，努力做好本分的工作，並與客人維持良好關係。

旅遊期間，難免遇到許多台灣旅客對當地飲食習慣及民情的一些矛盾，以及因為團員不同背景、不同意見與期待而產生的衝突，但他都能適時適切地解決問題。每一趟旅程的結束，對他來說就是一次學習、是一份經驗的積累。

走出舒適圈，迎向人生新挑戰

雖然導遊工作為郭耀峰帶來豐厚的收入，但他仍想學習更多，接觸不同的世界，於是他跳出了舒適圈，陸續進入金融業、貿易業，後

來更投入生技產業，研發癌症藥物。

在生技醫藥產業的十多年間，郭耀峰的公司主要著重在癌症自然藥物的研發、生產以及行銷。長時間來，看盡癌症患者承受的煎熬痛苦，以及照顧患者的家屬與醫護人員的辛勞，郭耀峰開始有一個想法，希望透過醫治「身」轉向醫治「心」和「靈」的領域，來協助患者及照顧他們的人員，能以積極正面的心態對抗病魔。

於是，他一方面進入心理學研究所學習基礎理論知識，一方面努力取得相關證照，希望在具備相關的知識及經驗後，透過教學或實務，為社會貢獻所學。

他說：「我進入心理研究所，並在心理相關領域與正念引導取得證照，期待將正念推廣普及，幫助每個人活出美好。」就這樣，郭耀峰又一次轉換人生跑道，進入了心理諮商及教育的領域。

另一方面，在這個變動的時代，人們越來越無法傾聽他人的意見，不能聽進彼此的話語。有些不同觀點、信念或背景的人，很容易被人們貼上「特異」的標籤，這更加劇自己與他人的分離。這種時刻，我們更需要學習如何用一種善巧的方式，去說話和傾聽。

因緣際會下，郭耀峰接觸了台灣正念工坊，接受執行長陳德中老師正念減壓的完整訓練，並成為特約正念臨床引導師。陳德中是正念

減壓療法創始人喬‧卡巴金（Jon Kabat-Zinn）博士指導過的第一位台灣學生，也是首位將正念減壓課程引入台灣醫療系統的老師。

卡巴金對正念的定義為：刻意在當下保持對內的覺察，包括身體、感覺、念頭和想法，透過開放、接納、不評判的態度，客觀如實地的體驗自己內在的身心狀況，並進一步探索外在的世界。

在課程中，郭耀峰學習如何覺察自己的情緒、念想，用呼吸讓自己在混亂的情緒中冷靜，面對病痛或壓力時，以正念來減輕壓力。因此，他也期望長期致力於正念的推展教學，

為何我該練習正念溝通？

郭耀峰進一步闡釋正念的內涵，「念＝今＋心」，正念不僅是注意力的訓練，更包含意向和態度。意向（Intention）是深層的希望、內心的渴望、及為何培養正念的原因；注意力（Attention）是引導心去注意對象的能力；而態度（Attitude）則包括接納、好奇、溫柔、悲憫、不強求等。

在日常生活中，正念是非常好的溝通技巧。所謂正念溝通，是一種用身心與他人或我們自己連上線的過程，可以透過話語、或不用話語，或者兩者皆有。你可能從和他人溝通的經驗中感覺受到尊重和被

愛，也有可能感覺不受重視或備受打擊。

當你將正念應用與人我溝通，注意你的念頭、感受和身體覺受，你就可以正確地回應對方的行動，創造另一個空間，而不是以慣性反應來應對，避免了溝通中的衝突。

我們可以這樣做**正念溝通的練習**：

❶ **說話時機點**：選擇在說話與聆聽之間的時機點，帶著有意識的選擇說話或聆聽，就是當下覺知的時刻。意即在對話中，留意自己的說話，如果沒有經過意識選擇而說出來，就試著停下來，留出空間，讓對方繼續說話。

❷ **暫停**：是為了讓你的注意力集中在身體上，或重新調整你的意圖。在對話中，我們可能很難找到插入空檔或停頓的方式。選擇一個技巧性的機會暫緩當時不利溝通的對話，比如離開去洗手間或喝口水的方式。

❸ **調整說話語速**：說話的速度常常是內心狀態的直接反映。改變說話的語速，也可以改變我們內在的狀態。用輕鬆的速度說話，能夠在我們對話中製造出一點空間，吸引聆聽者的注意力，更能理解我們說的話。

❹ **擴展內外覺知**：當你在進行溝通時，將覺知擴展到自己與對方的連結、以及身體周圍的空間。

在正念溝通的學習中，郭耀峰觀察到，現在的人們越來越無法傾聽，不能確實聽進彼此的話語，因為不用心說話、和聽不進他人的說話。我們必須改變，培養愛的語言與深度的傾聽，而正念的練習，可以培養內在的覺知，是有意識地關注自己與對方的感覺與需求，這正是良好溝通的核心。

🔑 用開放的心去傾聽

人際溝通的關鍵，是聆聽自己和對方的聲音，我們應該「**培養覺知，用開放的心去傾聽**」。

日本的「銷售之神」原一平說過，「善於傾聽，比善於辯駁更加重要。」傾聽做得好不好，決定了你在所有情況下的表現與回應。對於領導者來說，傾聽特別重要，因為建立共識、共同目標是關鍵，你必須透過覺察每個人的需求、渴望和強項，共同培養互信。真正的傾聽代表放下對錯的立場，想要做到這點，就須同時展現自信與謙虛兩種矛盾特質

我們可以透過這樣的訓練，加強自己傾聽的能力：**傾聽反應→提出問題→覆述內容→總結歸納→表達感受**。

❶ 說出讓對方感受到被肯定與尊重的回應，例如：「哇！太棒了！」、

「你説得對！」

❷ 在溝通的過程中，適度提出問題確認對方的觀點和意見，例如：「你說的是不是這個意思？」

❸ 溝通過程中，簡單釐清對方表述的內容，例如覆述説話者的內容。

❹ 確認理解對方説話的重點或目的，例如將溝通談話的內容做一個歸納。

❺ 適當地表達自己的感受，讓對方感受與你的共鳴感，例如表達自己也曾經有同樣的感受、或類似的經驗。

　　正念溝通的重點，並不是在於說什麼；要達到良好的溝通，必須透過覺知來創造理解。一切必須從心開始，也用心結束；以真摯的開放和謙遜傾聽，真正試著去理解對方。要表達真正的意思前，先看看自己內心。

❶ 找到你自己，運用正念讓你不受困於壓力之中：運用正念讓你的情緒保持平衡與平靜。用深呼吸安頓身心，以旁觀者的心態面對自己的負面情緒，不在溝通中表現出負面的言語與行為。

❷ 專注是讓自己處於當下的能力。專注地聆聽，並不因為即時的情緒及思維，而做出慣性的反應及評斷。

❸ 慈悲心，抱持寬容的態度及心境，不因為對方的言語而發怒。

❹ 在聆聽中產生溝通與連結，不被情緒掌控，進而化解衝突、解決問題。

我們越能為自己的感受負責，將之連結到自己的需求，而不是連結到他人的行為，那麼對別人來說，傾聽我們的話就會比較容易。我們越能從他人的感受聽出他們的需求，就越容易理解對方，不需要在意對方的指責、不需要同意對方、或對他們的情緒負責。

先傾聽對方，就能增加對方傾聽自己的機會，透過傾聽及觀察，就可以得到正確的資訊，為溝通找到正確的方向。

✎ 覺知自我情緒掌握同理心真諦

接下來，我們要以正念面對自己的內心，這是一個持續的過程，我們一次又一次地回到當下，從覺知的傾聽中覺知自己的情緒，有助於我們有意識地選擇如何進行對話。

而在溝通的對話中，壓力往往是造成溝通破裂的因素，壓力可能來自於對方的誤解、自己急於表達自己的觀點、對方的不在乎及冷漠、或是自己無法進入對方溝通頻調的恐慌。

郭耀峰提到如何對這些壓力做出回應：

❶ 停下來—覺察壓力的產生。

② 吸口氣—緩解壓力的情境。

③ 觀察—壓力所產生的內在影響，包括念頭（想法）、感覺（情緒）、及身體感受。

④ 繼續—緩解壓力，並解除因壓力而產生的負面情緒及感受後，繼續對話。

　　在多年的工作經驗及社會經歷中，郭耀峰發現，擅長溝通的人往往具備幾個特質：

① 善於觀察對方語言與非語言的因素：對方說了什麼？說話的方式？聲量的大小、高低與速度快慢？對方的表情、舉止、姿勢、視線與呼吸的快慢？

② 專注於傾聽對方：這是取得對方信任最好的方法。

③ 與對方產生相互共鳴：讓對方感受到你的同理心進而產生共鳴，你的溝通就會產生預期的效果。

　　同時，對自己培養同理心，可以增加我們傾聽他人的能力。不管對方是否有能力傾聽我們，清楚陳述發生了什麼事，而不做判斷或評論，能讓別人更容易聽懂我們的意思，並朝著解決方案而努力。

　　郭耀峰強調，同理心是領受他人的感受，然而也能區分他人的感受和自我的感受，並且認同他人的感受，進而產生理解力，了解他人

的感受，並展開對話。最後，雙方達到溝通的目的，解決共同的問題。

　　請「找回你的聲音」，也就是學習如何說出自己真正的意思，並深入地聽。溝通時，有一個很重要的要素就是覺知，成功的溝通取決於我們集中注意的能力。當我們在溝通時所傳達的訊息，以及對方接收的訊息，都需要在完全的專注下，覺知自己與對方是否表達了、也接受了正確的訊息。

🔑 同理回應的技巧

　　與他人對話時，「深入了解」對方所面臨的困境及必須解決的問題，做出同理的回應，我們可以運用以下馬歇爾・盧森堡（Marshall Rosenberg）博士的「非暴力溝通」語法：

◆ 當我觀察（聽到、看到）你……

◆ 我感到（有什麼樣的感受）……

◆ 因為我需要（為何有這樣感受）……

◆ 我希望你（你是否願意）……

　　在工作場合或生活中，可以有技巧地運用這三種方法與人溝通：

❶ 確定這個訊息是真實的嗎？在未確定訊息的真假時，不輕易地說出

來，否則就會對自己的信用產生危機。

❷ 這樣的溝通方法是否有用？當要說出的話語之前，確認說話的內容及時間點，並覺知對方是否在最佳的狀態，

❸ 你即將要說的話，思考一下是否來自慈悲的心？你是否表現出溫和、有禮、善意的態度？你是否強調所說的內容具備合理性與公正性？

正念溝通的基本原則

保持正念的心態來溝通，可以讓我們學習到幾個基本原則，來避免常犯的溝通錯誤：

❶ 運用「我」的語言：

比如說：「你太讓我失望了！」，這時候對方就會產生防禦心，聽不進去你所說的話。但如果使用「我」這個字眼：「因為……，我感到很失望」，用這樣比較沒有衝突性的方式表達自己的感受，差異就很大。如果我們需要透過對話來達成真正的溝通，用「我」這樣的語言，值得多練習。

❷ 對自己身體覺察：

我們通常不會覺察到，我們所說的話只占溝通交流的一小部分。

根據 Mehrabian 在 1971 年所發表《Silent Messages》一書中提到了，在交流互動時，人們大部分是透過臉部、姿勢和手勢的非語言溝通、以及聲音的語調來傳達，只有少部分來自語言。

因此，在壓力的狀況下，要將注意力回到自己的身體，覺察自己不要迷失在當下的情緒中，在處於壓力的時候先提醒自己放鬆，讓自己調整新的反應和可能性，也就能做出更正確的語言反應。

❸ **隨時保持傾聽：**

如果沒有真正傾聽的能力，我們就很難覺察到四周的人、事、物，以及誰在手機那端跟我們講話，或是會轉成自動反應模式、沒有考慮還有其他任何可能性。

透過以上的練習，我們可以掌握不分心、不被情緒控制、不被衝動反應所駕馭。正念可以幫助我們阻斷大腦反射性的反應，例如「攻擊」、「逃跑」、「僵住」的制約，讓我們更全面性地做出正確的選項回應。

🔑 人際關係可以更加簡單舒適

最後，依據自己豐富的人生經歷，郭耀峰提供了一些「得人緣的溝通技巧」：

1. **不指責缺點，正面思考解決問題**：遇到問題時，保持冷靜的態度、積極性的正面思考，並讓對方知道自己的想法。

2. **正念聆聽、包容他人**：擅長傾聽是建立人際關係的關鍵，可以成功拉近彼此的距離。

3. **改變自己而非控制他人**：在試圖改變對方的時候，對方很容易產生反抗的心理。善於溝通的人會先改變自己，只有改變自己，雙方的關係才會改變，自然就會有良好的人際關係

4. **尊重彼此的想法，站在對方的立場**：站在對等關係或立場的溝通，就是尊重彼此的想法的行為。

5. **給予對方勇氣，保持同理心**：傾聽高手不會蔑視對方，也不會逢迎諂媚。建立對等關係，以肯定對方的態度來傾聽。

6. **以肯定式詢問取代負面質疑**：肯定性的詢問方式，是專注於做好的地方，來取代做得不好的地方。肯定式詢問強調哪些地方是有用的，然後如何改進，並達到改變的正面溝通手法。例如：「發生了什麼事情？問題出在哪裡？影響如何？我能幫上什麼忙？」，或是「你受到什麼影響？可以舉例說說看嗎？或許我可以提供一點建議或幫助！」

然而，每個人都有自己的價值觀與執著，如果想要了解彼此，就必須把心裡的想法說出來，並傳達給對方。除了自身的想法之外，你

若能確實地傳達自己想給對方的訊息，今後無論是在家庭或是職場上的人際關係，自然都能順利發展。

　　郭耀峰鼓勵大家，只要能掌握正念的溝通技巧，今後無論處於任何時代、任何場合，都能得心應手；不管遇到什麼人，也都能保有自我，順利建立起簡單舒適的人際關係！

郭耀峰小檔案

- ・臺灣正念工坊 正念臨床引導師
- ・國際教練學會 ICF 專業級認證教練 ACC
- ・英國劍橋 Cambridge® FTT 引導式培訓師
- ・美國國家催眠師學會 NGH 催眠治療師
- ・中國國家二級心理諮詢師
- ・華南師範大學應用心理研究所
- ・勵活課程設計中心 合作講師

伍文海

05 在對方的宇宙裡，他就是對的！

| 伍文海溝通金鑰 |

溝通的最大障礙，就是「我以為」和「你應該」。

在業界，講師背景來自各行各業，而伍文海老師是其中很特殊的一位。在成為專業講師前，他從事的是運動相關產業，就如同伍文海所形容：「我是以運動入道」。

因為熱愛運動，伍文海考入了臺灣師範大學運動與休閒管理研究所（現已更名為「運動休閒與餐旅管理研究所」）。而後伍文海便一直在運動相關產業努力，主要的領域在運動行銷方面。身處運動產業，讓他有機會執行許多大型賽事，包括瓊斯盃國際籃球邀請賽、上萬人的馬拉松賽，以及長達二二六公里、有三十幾個國家選手參與的鐵人三項國際賽等等。

在台灣開放運動彩券後，伍文海進入當時發行機構的行銷部門工

作。由於那是台灣第一次開放運彩投注，在相關經驗及社會接受度還不充足，以及經營績效未達預期的狀況下，公司決定不參與下一輪的經營權競標。

伍文海表示，在經營權到期的前兩年，公司就已經對員工宣佈這個消息，也對員工權益做了相當大的保障，包括後續的工作權、離職金等，但同一時間，行銷部門除了例行事務外，不再需要規劃和發想新的活動專案。他回憶當時，「我大概上午工作就做完了，下午只好看自己的書，打發時間。」

偏偏伍文海是個閒不下來的人，所以他利用工作之餘，尋找不同類型的課程去學習。在參加一些攀岩溯溪的活動中，他發現許多教練除了自己開班授課，也會和培訓機構以及管理顧問公司配合，把這些戶外活動運用在企業培訓的課程，「原來運動跟生活職場輔導是有關聯性的，」伍文海這麼說。

🔑 在培訓課程中認識了更深層的自己

之後，在一次課程中，伍文海對自己有了新的認知：「那天太陽很大，我和隊員們依著手上的提示進入一個沒有標示、伸手不見五指的防空洞。走著，走著，大家都停住了。在黑暗的防空洞裡，除了岩

壁上的水滴聲，安靜到嚇人，因為沒有人知道應該走下去，還是退出洞口。後來，我選擇說服全體隊員退出去，但最後我才發現，其實我再走一小段就到終點了。」。

那次的培訓對於伍文海深具意義，他發現，原來自己性格中最主要的缺陷是「膽小」。「我當時講了一套非常有條理的論述，說我們現在什麼都看不到，應該要出去重新檢視手上的提示，這樣才能有效率的找到正確的路徑。不止全體隊員，連帶隊老師也這麼被我說服，一起退回洞口。但其實當時講了那麼一大套，根本只是因為我『怕黑』又不敢直接跟大家承認。」

他回顧，「過去在舉辦大型運動賽事時，常常出現一些意料之外的狀況，只要發生這些計畫外的事件，我會變得很焦慮、很緊張，不知所措，甚至會暴怒！原來這是因為我的膽小，我害怕任何我無法掌控的事！」甚至在當主管時，因為擔心同事無法及時、合格地交出他要的工作成果，伍文海就把工作攬下來自己做，結果把自己累個半死！而帶給自己的壓力，也讓他和同事、上司、客戶之間的關係十分緊張。

正因如此，「我很希望讓更多人可以經歷到這樣被啟發的清晰過程，進而發掘出真正的自己。」這個念頭讓他這個自稱「超級怕死」的人，做出當時人生最大的冒險—辭職創業，也讓伍文海從 2013 年開

始，一路走到了今天。

🔑 跳 tone 特質反成為講師生涯利基

做為講師，伍文海自認有種個人特質，就是「很愛胡思亂想」。因為他原本的工作是大型活動企畫，所以常常需要涉獵不同範疇的資訊，經過他的裁剪、拼貼、融合成一個跨界的想法，「我認為，辦理高強度活動、大規模企畫的經驗，這是我的優勢」。

曾經因為自己並不是從很年輕的時候就鑽研「體驗教育」，而欠缺自信，但是在許多次的課程規畫中，他反倒因為沒有背負太多包袱和框架，而能發展出吸引客戶注意的教案，也發現了自己很愛「胡思亂想」的這個特色。

伍老師分享了一個例子，有一位以正念學習為主的講師，一直有個苦惱，由於正念學習是屬於比較沉靜與靈性的課程，於是課堂上的氣氛常常冷場。於是伍老師與這位講師合作，設計了一些活動來帶動學習與分享，果然大獲好評。這就是「跨界」的創意。

🔑 未來夢想建構培訓產業園區

對於未來，伍文海有明確的藍圖，「我想讓更多人能夠清晰的被

啟發，我也喜歡和跨領域的人交流，所以我的願景、或者說夢想，其實和講師這一行相較顯得跳躍，我想經營一個產業園。」

「我覺得一個人的能力有限，專業有限，我期望能組建一個由不同專業領域的夥伴結合的團隊，並且能夠引進資金，投資進駐這個產業園的團隊。整合不同專題，來做專精及有效的培訓」。

「這想法很大，但我很想要！」伍文海充滿熱情說道，「我希望經由體驗的教育、情境的活動，從更高的高度來幫助大家找到可以修正的地方。」

從 OH 卡衍生出對溝通的概念

在經營講師事業的過程中，必須去發掘客戶，了解客戶所需，並提供客戶有興趣的課程，這個時候「溝通力」是能不能拿下案子的關鍵，尤其伍老師常常要面對的是能言善道、一眼看穿人心的 HR 人事主管。

伍老師指出，一般我們常見的溝通主題書籍，談到「語」的運用時，多半著重在探討「**和對方說什麼**」，以及「**應該說什麼**」。但他想從另外一個觀點來探討，也就是「**和自己說什麼**」，以及「**不要說什麼**」。

伍文海的觀點與他常使用的 OH 卡有關。所謂的「OH 卡」及各類的潛意識投射卡牌，都是藉由圖像讓來訪者連結自己當下的情緒和

經驗，也已經被大量運用在心理諮詢以及企業團隊培訓和共識凝聚等場合。

正因為每個人對同一個事件的理解面向都不同，所以使用 OH 卡進行的規則就是「牌在誰手上，誰的聯想和解釋就是正確的！」也由於這個天條，在過程中帶領師要尊重學員的解釋，而學員也自然可以放心地把聯想告訴帶領師。雙方有了尊重和互信，也就更容易探索真實的想法，更接近問題的核心，更清晰地釐清解決的方案。

這樣的關係和結果，也正是良好溝通力的呈現。

🔑 你怎麼想不重要，重點是對方怎麼想

伍文海提到，在學習用 OH 卡帶領個人探索心境和思維的過程中，會一直被提醒：「對方說的就是對的，」而這個概念恰可以運用在溝通上。他觀察，其實很多時刻溝通出問題，多半是出於每個人腦子裡：「我以為」、「你應該」，這兩種觀念設定而導致的衝突。所以他建議，在溝通開始之前，先跟自己說，「不論我怎麼想，**在他的宇宙裡，他就是對的。**」用這樣的思維，將為溝通減少許多可能的衝突。

第二個溝通重點是：「不要說什麼」，也就是「不要先開口，先聽對方說。」溝通的過程如果能儘量以提問的方式，讓彼此的想法都

能獲得充分的澄清與核實，溝通起來自然就能順暢。

　　伍文海舉例，他在帶體驗教育的時候，常常會接觸到很多小學生，「以前我都覺得他們是聽不懂人話的『外星人』，叫小朋友們往東，他們卻會往東南西北到處跑」。所以每次帶領這樣的活動，都會把自己弄到精疲力盡不說，還常常搞到血壓升高！」

　　後來伍文海開始學習以上所提的觀念，先聽孩子們說，不管他們再怎麼無厘頭，也提醒自己「在他們的宇宙裡，他們是對的。」這樣反而能很快讓孩子們集中，找到彼此都能接受的平衡點，帶領的過程就比過去輕鬆許多，還更能達成學習的目的。其實不只是小朋友，在成人一對一、甚至一對多的溝通過程中，這樣的觀念也非常實用。

🔑 與對方建立良好關係 8 要訣

　　而什麼樣的說話技巧，才讓你直達人心，做出最有效的溝通？伍文海舉例：「相信大多數人都不喜歡聽到髒話，可是大家應該都見過，兩個年輕男生見了面，先笑著用髒話彼此問候才接著聊天的場景吧。」這個常見的畫面，說明了只要交情夠，凡事都好說，也就是一般常說的：「有關係，就沒關係！」因此，所有的說話技巧，都應該先建立在「良好的雙方關係」上。

面對生活中的各種溝通情境，伍文海舉出了八個主要的原則及做法，無論在職場或生活中都很實用：

　　1. 初次見面時，應該要先向對方作自我介紹：伍文海說，這樣做是為了讓對方知道我的姓名或外號，這樣在對方的心目中，就不會再只能用「他」或「那個人」作為對你的代稱，這時雙方的關係便會拉近不少。

　　2. 多觀察：仔細注意對方有些什麼「在意的事」，或是有什麼「愛好」。伍文海以自己作例子，雖然他自己不抽煙，但他會注意抽煙的人，抽的是什麼牌子，有抽過那幾種煙……從這個地方來做交談的突破口，話匣子就很容易打開。

　　3. 找出共同點：這是在和對方往來談話的過程中，可以持續進行溝通的方式，伍文海指出，最基本的就是同姓、還有同鄉或同居住地。其他像是同學、校友、同好……都是很好的話題，這樣做可以快速建立起彼此的關係。

　　4. 多聽對方說：伍文海強調，舉凡是人，都希望得到他人的關注，而關注對方的最好方式，就是「好好聽他說」。他提供了一個小技巧，溝通中除了眼神要集中（Eye Contact）之外，還要適時適當地做出肯定的回應，例如說：「是」、「對」、「沒錯」、「嗯」，或是複誦

他剛剛說過的關鍵詞，讓他知道你正在認真傾聽。

5. 無論對方做出多小的善意動作，都要向對方表示感謝或稱讚：伍文海指出，這是一個能夠讓對方知道你很重視他的方式。例如最近因為防疫需要，很多大樓或公司都有安排人員量測額溫，這就是一個可以向對方表達感謝的好時機。不要認為對方職位低就無視他，往往一個善意的感謝，就能建立好印象，也讓你要進入的公司，對你有個好評價。

6. 有機會幫忙對方，就儘量出手：伍文海觀察，台灣大多數的人都還是認同「受人點滴，當湧泉以報」的觀念。這裡指的幫忙，並不是類似「維持世界和平」那種大事，而是一些相處中的小細節。例如，用餐的時候順手幫對方倒杯水、拿餐具，進出的時候幫對方拉個門之類的事情。養成習慣，持續去做，久而久之，就會累積出好關係。

7. 講對方聽得懂的話：如果能用對方使用的方言（如：閩南語、客家話……）對談，自然是最親切的方式，但如果實在不會講方言，至少要「模仿」對方使用的單詞。例如：機車、摩托車、「歐都敗」～指的都是同一種東西，不同的溝通對象，對方的用語可能也不一樣，這時候要儘量運用對方的語言，讓對話儘量接近，達到建立良好關係的目的。

8. **別怕開口問**：伍文海建議，有些問題很中性，但很適合拿來破冰或閒聊用，像是：「嗨，你今天工作順利嗎？」、「最近還好嗎？」等等，也許有的人會覺得，這樣會不會冒犯對方的隱私？但真會覺得被冒犯的人其實不多。只要對方願意回應，接著就是用心傾聽，好好聽他說，當雙方有了共通感，關係自然就變好了。

✂ 大量閱讀是促進表達力不二法門

伍文海還提出了一個重點，「表達能力很重要」。會說話的人，表達條理分明、邏輯清楚，能將心中想法組織成別人能懂的文字或語言，也能真正聽懂、理解別人的話語。

他觀察一些表達能力較差的人，普遍有語彙有限的問題。因為語彙有限，就會很想表達一些想法，但是講不明白，或是停停頓頓、代名詞很多（例如：這個、那個、他們……等）。聽的一方往往因為沒聽懂，或者不清楚對方要表達的意思，就會回問或開始不耐煩，接著講的人就越來越急，越說越不清楚，雙方的溝通因此而失敗。

其實在生活中我們就能培養自己的表達能力。伍文海的做法是先從「**大量閱讀**」開始，就算是讀小說也行，至少先讓自己認識的詞彙增加，並且習慣接收較長的文句。

他想起自己快退伍、準備考研究所時，發現當兵兩年下來，他連話都講不好了 ..... 伍文海幽默形容，「我真地忘記怎麼講人話了。」因為即將要應付考試科目的國文以及將來的面試，伍文海就隨機選取了幾本散文之類的書籍來讀，先讓自己恢復對文字和語言的感覺，他發現這樣很有效。

　　伍文海同時建議，嘗試多聽有主題、有結構的演講，像是現在網路上可以找到的 TED 演說，也是培養自己邏輯能力、有效組織話語的好方法，藉此學著減少冗長無用的贅句，讓別人很快地理解自己的意思。

　　平時不常發言或溝通的人，在剛開始練習表達的時候，肯定有些吃力。但伍文海建議，可以運用自己的社群網站，寫一些不長、但也不是簡短到不知所云的文字做為練習。簡單地敘述一件事情，例如今天生活上的一點小感想，或者介紹今天吃到的不錯的小吃；練習的次數越多，表達就會越熟練。

　　接著是有意識地回顧自己每一次的對話或發言，伍文海認為這點非常重要。在回想起自己曾經說出的話時，你可以反思，「有哪些地方我說得很好，我可以保持」、「有哪些地方我應該可以說得更好，再加油吧！」、「我這樣說不是很好，如果再來一次，我應該怎麼說？」……如果能找到朋友或夥伴跟你一起討論會更理想。在這樣一點一滴

地、慢慢累積的過程中，優秀的表達能力自然就建立起來了。

放下自我中心才能成為溝通高手

總之，擅於溝通及表達的人，往往處處受人歡迎、讓人感覺「如沐春風」，想要成為這樣的人物，伍文海認為，關鍵能力是「傾聽」。

傾聽不是面對面坐著，聽聽對方的講話就完了，還要認真去觀察，並且做出正確的回應。

傾聽的開始是專心地聽，專心到心裡不會對所聽見的話做出「評價」、「判斷」，而是單純地跟著對方的思路走。如果當中有些聽不明白的地方，就用提問的方式與對方核對和澄清。

傾聽的的第二步是觀察，在對方講話的過程中，是不是有一些不經意的行為，表達了一些話語中所沒有的意思？例如聲音語調的變化，往往表達出對方內心的狀況，或許急躁，或許敷衍。或者在對談的過程中，眼睛不敢直視，或者時而皺眉，這可能代表對方心中有疑慮，放不開自己。透過觀察，進而依據對方的狀況，做出適當的回應，達到溝通的目的。

而要如何成為這樣的人？伍文海指出，這需要長時間的練習，在心態上回到我們之前討論的觀念，提醒自己「他說的就是對的」，放

下心中的「我以為」、「你應該」，就能成為一個容易與他人溝通、受人歡迎的人。

伍文海小檔案

- ·中華直感教練協會／企業歐卡帶領師
- ·衛理福音園體驗教育引導員訓練結訓
- ·累積執行培訓活動逾 3000 小時
- ·臺灣師範大學運動與休閒管理研究所 碩士

張家赣

06 同調、同步、同理、目標導向的溝通術

| 張家赣溝通金鑰 |

溝通前多思考,溝通後少煩惱!

以終為始,定向目的與氣圍;以人為本,創造信任與開放;

引導思考,挖掘更多可能性。

　　張家赣來自一個保守安穩的軍公教家庭,成長的過程因為參加社團起了化學變化,激盪出目前具有專業人資與專業講師的雙重身份。而從他過去成長的起伏與經歷中,看見築夢踏實,一步一步創造不凡價值的精神。

🔑 自己定義自己,從平凡中走出不凡

　　在家中背負著長子與長孫的角色,在同輩中也是最大的,家赣從小就被灌輸要當弟妹的榜樣,因此只好認命且認真的念書,想辦法做

好學生的本份；當大學考上淡江大學後，被新鮮有趣又自由的大學生活與多采多姿的社團活動給深深的觸動，才發現原來學生可以當得這麼自由自在，於是在大一的時候選擇加入充滿活力與張力的實驗劇團。

在劇團中，家騋卸除在家庭中的壓抑，於舞台上找到熱情所在，開始花時間全心投入而早出晚歸，因此收到家裡極大的反彈，第一次擔任期末公演男主角的演出，興奮地邀請家人來現場看，但母親在表演後淡淡的說：「該玩的玩了，該演的也演了，可以退團了吧？」這句話猶如利箭一樣的刺進家騋的心，而孝順的家騋，最終選擇聽從了家裡的意思—退出劇團。

不過，家騋即便離開，仍忘不了在社團中所獲得的歸屬感與成就感，開始轉而參加不同屬性的社團，持續開展自己的體驗，同時也為了讓家人不再反對，他告訴自己「本份」很重要！結果，在這樣的信念與自我要求下，家騋的課業不但沒有落後，反而最忙的時候，成績是最好的時候，並且開始被不同的社團及學校老師邀請分享自己的經驗與專長，直到大學畢業時已經累積了許多跨校際的訓練及演講經驗，也種下未來成為講師的一顆種子。

除此之外，家騋也願意跨出舒適圈，從校園內跨向校園外，擴大自己的接觸範圍，成功甄選上「中華知識生產力協會」的知識青年幹

部，開啟每週一次與業界成功人士學習的機會，並透過積極的參與，不僅結業後繼續擔任協會的課務，更進入秘書長的顧問公司擔任專案助理，規劃及辦理協會、政府機關與民間企業間的活動。

出社會後，張家榦曾在新創產業及傳統產業中工作，從行銷企劃、通路企劃、專案經理、到 HR 與講師，現在邁入 35 歲的他，外表卻與剛進入大學的新鮮人沒什麼兩樣，內心依舊年輕、衝勁十足，即便沒有顯赫的背景資歷，但從他的眼中看到他對於未來的渴望，呈現出誠懇熱情，認真投入的特質，深刻的感受到家榦所說的，「**要從平凡中走出自己的不凡**」。

期許自己成為他人的夢想企劃師

家榦說自己看似順遂的路途，其實一路上有許多貴人的幫助，第一份工作的主管，不但親自指導工作上的專業，更分享人生發展要思考的關鍵；離職以後，碰到願意為他免費做履歷健診的老師，協助找到自我亮點，並在許多學習活動中，吸收到許多長輩及朋友的建議，讓他知道如何選擇自己的下一步，所以他始終抱持著感恩的心。因此，家榦將協助準備進入職場或剛開始工作碰到撞牆期的青年視為一個重要的使命，就像當初自己獲得的協助一樣。

在這樣的驅動力下，家榦不斷的精進自己，抓住每次進修的機會，參加許多學習課程，例如：BE 幫助教育計畫、人資將才班、天生我才講師訓、優勢領導工作坊等，就是希望當自己有能力時，也能透過自己的專業及熱忱，解決別人的問題，實現他人的夢想。

當家榦開始意識到，其實他已經走在協助他人的路上時，深深的覺得過往**所有的生命累積，都會在某一刻告訴自己，它的意義！**所以，他對自己的定位就是成為一位「夢想企劃師」，透過自己分享的三大專業主題提供他人一套完整的成長流程：

◆ **探索自我**：協助他人找到自己的夢想，並理解夢想與現實的差距；
◆ **簡報企劃**：將期望的夢想逐步分析，找到最短的路徑，並開始啟程；
◆ **溝通與問題解決**：透過實踐的工具，一步一步的將自己的夢想完成。

而且聽他述說著「從不小看每一次的交流及分享，不管是短短 20 分鐘的演講分享，或者是一整天的長時數課程。」等話語，感受到家榦總是用心準備，時時充實自己，並且願意花時間與學員們一起動手實作，著實扮演好「顧問」的角色，期待透過發揮自身專長及技術，幫助青年縮短人生摸索的混沌期，支持大家解決問題，將知識化為實踐的力量，讓身邊的人都能完成自己的夢想，走向美好的人生。

🔑 有效溝通的架構：3大階段與8大重點

　　家銶整理過往專案執行及簡報課程的實務經驗，兩者皆是以解決問題或達成特定目標為主軸，再展開一連串的溝通，最終達成共識的流程，因此，從中整理出一套有效溝通的架構，並以對話的時間軸區分為「前、中、後」三個階段，各階段再提出應用的重點，幫助大家可以更快速的理解與帶回生活中實作。

有效溝通的架構

🔑 《階段一》溝通前：以終為始，定向目的與氛圍

　　好的溝通需要超前部屬，從準備階段就開始，你會需要思考下方三個問題：

❶ **溝通動機**：雙方為什麼要展開這次的溝通？

❷ **溝通結果**：想要透過本次溝通達成什麼結果？

❸ **溝通過程**：你想要營造一個怎麼樣的溝通氛圍？

　　找出自己的起始點，必須要先清楚動機，釐清自己究竟為何要與對方展開對話及想要創造的結果為何（例如：說服對方接受提案、找出團隊共識，或解決團體間的歧見與衝突等），才能有效的展開溝通設計，因為不同的目的會需要使用不同的面向與方式進行，而且方法絕對不只一種。

　　同時，你也要透過資訊的事先搜集，去了解溝通另一方的想法和期待，這樣才有辦法對症下藥。另外，還要思考一個許多人會忽略的關鍵：「你想要營造的溝通氛圍是什麼？」這個將會影響你選擇溝通的場合及要表達的態度為何！如果選對了，可以確保有效溝通的達成狀況唷！因此，以終為始，做好準備，溝通才能事半功倍。

🔑 《階段二》溝通中：以人為本，創造信任與開放

　　人都有被尊重與被理解的需求，因此在溝通過程中如何「以人為本」，把人放在「心」上，去創造彼此的信任關係，引發更開放的對話內容，才會往有效的溝通更進一步；而且溝通是否有效，許多人會認為是自己說對了什麼，但更根本的核心關鍵在於互動中你從對方身

上「看到什麼、聽到什麼、感受到什麼」，那將會決定你應該說出什麼和後續階段三要進行互動的方向：

❶ 用眼／仔細觀察：看對方的肢體行為做判斷

最理想的溝通狀態是彼此都在輕鬆自在且真誠開放的狀態下進行，但多數的溝通與對談可能不見得可以符合，所以我們很重要的任務是在溝通進行的過程中去確認對方肢體的細微狀態，因為人類的身體其實比嘴巴誠實，當我細心觀察對方與周圍環境，可以幫助我們進行解讀，舉例：如果對話到一半，對方突然穿起外套，那就要有即時的反應，可能是主動把冷氣調整一下或是遞杯溫水給對方，讓對方感受到你的在乎。

或是當你發現對話過程中，對方開始不經意地看手錶或是腳的方向已經面向門或不是朝向你，那某種程度代表著對方已經想要結束這段對話，此時就要有意識的進行重點收尾或調整內容，千萬不要再繼續滔滔不絕的講。

❷ 用耳／專注傾聽：聽感性情緒大於理性分析

除了用眼睛觀察外，要搭配專注的傾聽去理解對方想表達的內容，不過多數人很容易習慣去聽對方講的「資訊」並開始進行「理性

的分析解讀」，甚至會開始想，要如何回應對方或給出建議，而跳過聽對方的「情緒」。如果這個狀態出現的時候，代表我們的焦點已經從對方轉回到我們自己身上，此時就要特別注意。

真正的專注傾聽，是透過肢體、眼神、意識將焦點放在對方身上，進入到對方的情緒以及語態裡面。當我們可以聽出對方的情緒狀態或感覺時，就可以適時調整自己的心態或話語的方式，達到同頻的溝通。一旦當雙方的步調一致，溝通就簡單了，當對方感覺到你的在乎還有自己的開放，自然就會願意講得更多，也可順利的銜接到第三個技巧：「溫暖同理」。

❸ 用心／溫暖同理：回應感覺並給予肯定安撫

回想你過往的溝通經驗，是否曾經有回應讓你有「你好懂我唷！」的感受呢？我想會有這樣的經驗，通常會是對方說出你的感覺與理解你的想法，而不是告訴你應該要做什麼的建議。

有句俚語說，「先處理心情，再處理事情」，這個目的不在於事情不重要，而是當溝通的對象狀態是開放的，才可以有效地進行對話，進一步解決事情，所以可以練習回應對方的感覺，例如「我感受你的委屈」、「我知道你現在很難過」，讓對方知道你是在意他的，再詢問對方是否可以表達自己的觀點，不要一股腦地就馬上想倒自己的想

法給對方，除非是刻意要單刀直入、一針見血，否則採用循序漸進是會有很棒的效果。

另外提醒，我們時常會不自覺地把溝通的主角拉回自己身上，例如，「我很明白這個感覺，我以前也是這樣……，後來我……，所以你……。」，或許我們這麼說是出於善意，但如果對方還不夠開放或仍在情緒上，就不見得能理解跟接受唷！

階段二的三個技巧（觀察、傾聽、同理）看似獨立，但其實環環相扣、缺一不可。你可能會覺得有些難，但只要記住一個最大的原則，「把焦點留在對方身上，要讓對方確實感受到你的在乎與信任」，就已經打開有效溝通的大門了。

✂ 《階段三》溝通後：引導思考，挖掘更多可能性

當透過階段一與階段二的進展鋪陳，階段三就是要往最終目的邁進的重要關鍵，這裡也是最需要鍛鍊技巧的區段，坊間在這個主題有許多專業性課程，家骅整理出幾個重要的技巧與提醒，讓大家在使用上可以更為精準：

❶ 提問：問對問題，就解決一半問題

人通常都不喜歡被要求或說服，所以要善用提問技巧，進行釐清、

確認、引導，也可以透過提問過程讓雙方發現更多的角度與可能性，或許還可找出原先無預期的答案。家䅳整理應用提問時要注意的事項：

◆ 取得允許

「先取得對方的允許」，可營造尊重的互動氛圍，且如對方選擇接受提問，就能比較客觀的接受，不會過於被情緒影響，但仍要注意勿提出過於尖銳的問題。

◆ 鼓勵發言

當對方有所回應時，要適時給予鼓勵，讓對方覺得，你對他的回答有興趣，而且想知道更多，例如：「這個想法很棒，你可以多說一點嗎？」

◆ 引導思考

最重要的是要能引導思考，找出更深一層的動機、或是不同立場的觀點等，例如：「你如何看待這個結果？」「關於主管的意見，你覺得為什麼跟大家有這麼大的落差？」

❷ 複述：

複述的目的有兩個，一個是「確認資訊」，確保自己所接收到的訊

息和對方所講的是一致的，且可同時傳遞出自己的重視與專注，例如：「你說的重點是 XXX，我理解的有錯嗎？」，假如理解錯誤，對方可再加以補充說明，避免自己用錯誤的理解繼續對話，增加溝通效率。

第二個目的在於「建立緩衝」，有時難免自己在溝通上會有分心或還在消化對方的內容時，善用複述技巧可以爭取一些思考時間的空檔，特別適用在當對方問你問題的時候，你可以複述一次問題為自己爭取時間。例如：「所以你想要問我的是……，是這樣嗎？」

❸ 支撐：

支撐就是要提供客觀的事實（例如：數據或案例等）來支持自己所提出的觀點與想法，去化解彼此的歧異或強化結果的論點，讓對方認同並進入到自己的觀點中。也可以用來詢問對方的觀點想法，是否有客觀性的支撐，幫助釐清是自己的感覺、經驗直覺，還是提出的是可行的方案。例如：「有什麼判斷的資訊讓你認為這是可行的呢？」

另外，當對方結論前後不一致的時候，就要懂得善用對方講過的觀點或話語來支撐，例如：「如同你剛剛說的，如果在……方面加強……，這樣就不必動用到第二計畫，節省不少成本，所以我們就可以……」，既然是「借用」了對方已提過的觀點，對方自然不太會提出反駁。

🔑 有效溝通最終的核心關鍵：結論與宣告

溝通其實跟開會一樣，最後一定要有結論，並回頭去看這個結論跟階段一所設定的溝通結果是否有相符合，以及對方針對這個結論是否有宣告出下一步的做法，才會讓整體是向前進的。

最經典的無效溝通，就是「抱怨」，我們可以利用上述的溝通階段讓對方感受到同理，並且抒發許多的想法與心情，但如果沒有做到「宣告出下一步」的話，抱怨的循環會重複出現，我們也無法有基準檢視對方的狀況，是否比前次有所改變。因此，宣告的效果，就是為溝通做出結論，並找到後續做法，落實溝通的目的。

🔑 培養自己的溝通邏輯力

了解完有效溝通三階段與八重點後，接下來就是要培養自己的邏輯能力，要不然即便知道溝通的架構與流程，可能也無法問出對的問題，講出對的回應，達到好的溝通結果。

關於如何培養自己的溝通邏輯力，家榦以酒的品牌 Suntory 的諧音來描述建立邏輯力的四個方法：「三多慮——多閱讀書籍、多參加活動、多整理資料、要保持疑慮。」

1. 多閱讀書籍

書籍是獲取知識最快、也是最有效率的方式，然而閱讀還有另外一個重要的功能，就是去學習作者是如何將龐大的想法與想傳遞的大量訊息用有脈絡與結構的方式整理出來。

因此，我們可在閱讀的過程中，看別人怎麼寫，思考別人為什麼這樣寫，從前言、目錄、內容架構，訓練自己快速看懂這本書在講什麼；更進階是思考，「如果你是作者，你會怎麼寫？」透過這樣的訓練，可以快速建立自己在思考時的邏輯分類能力。

2. 多參加活動

「閱歷」是提升個人內涵很重要的基礎，也是旁人無法複製與取代的，家鞣從大學到出社會，從被帶領到帶領別人，從企劃人員到講師，參加了無數大大小小的活動，從中去學習與理解流程與架構的好壞。

每場活動後，都可以思考為什麼場景是這樣佈置？為什麼流程是這樣設定？為什麼動線是這樣安排？人力又是如何有效的配置？透過看別人怎麼做，來思考換成自己，又會如何做？能不能做得更好？這些活動參與的觀察與情境模擬，可以加強自己在做計畫時的邏輯設計能力。

3. 多整理資料

整理資料，就是一個不斷拆解、歸納、重組的過程，而在這樣的過程中你會建立起自己的思考脈絡，重複練習還可以優化精進，就像電腦裡資料量變大時，會微調資料分類的方式，以便在找資料時可以更快速。

整理、整理、不斷的整理，不斷重複這樣的動作，養成這樣的習慣；不知不覺中，你會把溝通的對象及溝通的方式做出區別，並且做出不同的搭配，可以有效的建立自己在分類時的邏輯架構力。

4. 要保持疑慮

很多時候，會直接接收別人所整理好的資訊與架構，但究竟資訊是否正確，是一個值得探討的問題。因此，要時時提醒自己，「別人說的不一定是對的！」「如果我重新調整後是否可以更好？」提醒自己對事物保持著好奇心與敏感度，同時記得這樣的態度不是一直對他人思考的模式、推理的方向、做出的結論持否定，而是去想，這些思考推理的過程是否合理？所得到的結論是否正確？

在思慮的過程中去理解，「因為……，所以他這樣想。」「因為……，所以他這樣做。」不要全部都照單全收，要對於收到、查到、看到、聽到的內容保有一絲疑慮，這樣可以幫助自己不會因為錯誤的

資訊，而造成錯誤的判讀結果。

　　最後，思維清晰、富有邏輯的張家榦觀察，溝通非難事，那些會讓人感受如沐春風的人，都會具有下列這些特質：

* 不疾不徐，會有自己的節奏
* 溫暖有禮，會把人放在心上
* 持續學習，會不斷充實內涵

　　因此，如果我們也想鍛鍊自己成為一個可以有效溝通且讓人如沐春風的話，就有意識的培養這些特質，讓我們一起鍛鍊「同調、同步、同理、目標導向的溝通術」。

張家榦小檔案

　　　· 知名汽車公司 HR
　　　· 簡報快捷鍵 EASY POINT 創辦人
　　　· 宏星國際管理顧問有限公司 課程顧問
　　　· 學到線上課程平台 說書人
　　　· 勵活課程設計中心 合作講師
　　　· 淡江大學管理科學研究所 碩士

張峻豪

07 完美溝通三步驟：
仔細想、注意聽、小心講

| 張峻豪溝通金鑰 |

溝通表達的黃金法則：

己所不欲，勿施於人。而白金法則：己所欲，施於人。

換位思考、設身處地，最後不只是成為會溝通的人，而是很好相處的人。

如果在 28 歲的時候，你的父親過世，留下了近 300 萬元的債務，你會怎麼選擇、如何面對？這並不是電視劇的劇情，而是發生在張峻豪身上的真實故事。

張峻豪那時還是個軍人，才剛剛經歷了父喪之痛，卻受到一紙政府公文，裡面的內容說明，因為他的父親離世，父親名下的資產及負債都需要由直系血親繼承。就這樣，年紀輕輕的他，身上瞬間就背了 300 萬元的債務。

而個性堅強的張峻豪卻也沒逃避，受過軍中淬煉的他，決心勇敢的面對問題。於是他開始思考，如何解決這筆對他來說、金額相當龐大的欠款。如果繼續留在軍中，或許是一個選擇，他仔細算了一下，最樂觀的狀況下，他也得等到 40 歲才能還清負債；假若選擇退伍的話，無論是擔任保安、保全、保險人員……，似乎也不是太理想的選項。於是他退伍了，跑到台北打拚，積極尋求翻身的機會。

　　由於沒有很高的學歷，也沒有太多的專業，更不必說豐沛的人脈，這條路張峻豪走得很辛苦。他先從業務人員做起，賣過保險，賣過房子，也推銷過淨水器。每一次的轉換，都讓他慢慢學習到如何去察言觀色、如何講合適的話、如何面對失敗並從失敗中記取教訓，以及如何去做好每一次的溝通。

　　這一路走來，歷經艱辛，其中甘苦，只有自己知道。張峻豪特別感謝他的老婆韋方，在他人生最迷惘困惑的時候，介紹給他一群良師益友。也是在他們身上，他學到很多正向的觀念、想法、以及人生的價值觀。

🗝 人生難免有挫敗，學會在與自己的溝通中得到勇氣

　　他的貴人還包括恩師——洪啟恩，洪啟恩在安麗事業體做到鑽石

級直銷商，但其實他原本是個領有中度殘障證明、需要大家幫助的朋友，但他從沒放棄，反而透過好的觀念想法，不斷帶動更多朋友學習成長。從啟恩老師身上，張峻豪學到一個觀念，「逆境如果不是讓人破產，就是讓人破紀錄。」關鍵在於你面對逆境的心態！隨著人生不斷的歷練、不斷的積累，他的價值觀越來越明確，朋友也越來越多。

有一次，一個玩桌遊的朋友，請張峻豪去幫忙代班，教家長與小朋友玩桌遊，於是他就帶了幾套比較簡單、好上手的遊戲，就過去了。在他第一次準備分享桌遊的時候，就想到，如果有機會可以把一些親子互動相關的觀念想法，透過桌遊的方式傳遞給家長，那或許可以幫助更多家庭，在親子相處之間，創造出更和諧的氣氛。

於是他開始學習，也把一些想法跟觀念，透過桌遊來結合娛樂與教學。沒想到原本只是一場代班，竟然因此大受好評，也讓許多不同的單位注意到這樣新鮮的學習方式，開始來邀約，並且還希望多辦幾場，這是張峻豪踏入講師行業的起始。

分享是為了找到志同道合的夥伴，一同翻轉人生

其中讓張峻豪特別難忘的經驗，是有一次去桃園的一個消防單位，分享「財富自由」這套桌遊。那次的分享，面對的對象幾乎都是

中低收入戶的家庭，在那次分享的過程當中，很明顯的，他感受到學員們的不耐與不解。

身為教育講師的他，第一時間就先去了解為何有這樣的狀況發生；在與幾位家長詳談後，他發現，大部分的家庭都有一些無奈與辛酸，甚至參與這樣的課程可能都只是因為沒地方去，而來這邊參加活動，單純只因為有冷氣可吹。

而對於理財這類的議題，他們能想到的問題，只是「下個月我的生活費在哪裡？」這樣的狀況，不禁讓他想起恩師所說過的一段話：「一個人的腦袋空空，他的口袋就會空空；億萬財富買不到好的觀念想法，而好的觀念想法，卻可以幫你賺進億萬的財富。」一個人要去努力不難，要去奮鬥不難，但要做出抉擇，很難。

在那一場活動當中，其實參加者的反應與效果並不是很好，但卻是張峻豪在講師歷程中最難忘的一次經驗。他當時就體驗到，或許在現實上，他沒有辦法實際上幫助到很多生活陷入困頓的朋友，但他很願意去分享，他是如何從負債 300 萬、陷入困境的人生中，一路打拚努力，到如今獲得財富自由的過程及感悟。

於是，他開始整理自己的想法、以及自己如何在逆境中力爭上游的故事，真心誠意的把這些經驗及體悟分享給大家，並且透過「勵活

文化」的安排，他從一個毫無講師經驗的菜鳥，開始第一場、第十場、到目前已經累積超過百場的演講。

他由衷的期望，當面臨失敗及挫折時，大家都能勇敢的面對自己，做好跟自己的溝通，永遠不要說放棄。並且不要畏懼，積極跟別人溝通。在溝通中，你會學習到別人的經驗，而正向積極的人才會得到別人的協助，才能找到志同道合的夥伴，一起翻轉人生，走向成功的道路。

三種合作類型下的溝通方式

從職業軍人、成為業務、到成為講師，張峻豪認為溝通都有其理念，這個目的就是達成共識，經過團隊合作，達到共同的目標。而這些團隊合作可分為三種類型：落難型、利益型、理念型；在這三種類型下，溝通的方式各有不同。

1. 落難型

他以自己在軍中的經歷，來解釋不同類型下的溝通。基本上當兵平日就是做基本的體能、操演、裝備保養、以及維持軍中紀律，但如果沒有達到例如團體的體能要求，或是有同僚違反軍中規定，那就麻煩了，整個單位都會被長官修理，這時大家都「落難」了。

那麼這時溝通的目的，就是要反敗為勝，溝通的方式在於「互相鼓勵」及「互相警惕」。例如跑步的時候，體能好的在前面，由帶隊的指揮注意整體狀況，有人掉隊了，要適時讓前面的人速度放慢一點，鼓勵後面的隊員跟上去，讓這個小隊都能一起跑到終點。並且經由不斷的練習，把速度提升上去。

而軍中難免有人會違反規定，張峻豪不諱言，其實違規被自己人看到還好，如果被巡查的長官看到，或者被平民老百姓看到而向上級檢舉，那又是個大麻煩，例如在站衛兵時抽煙，這時候就需要以互相警惕的溝通方式，彼此互相提醒，不要犯錯。

2. 利益型

而在平日，其實部隊中的各單位比較少有交集，比較容易會一起共事的，是不同單位的業務人員，比如說參一就是負責各單位的人事、休假、薪資、年資之類的；參二管的是情報；參三管的是訓練及作戰，而張峻豪當初是擔任參四業務，主要負責裝備保養跟數量清點。

在平常的時候，各單位業務基本就是人手一把號，各吹各的調，把自己的業務做好就是了。但遇到比如高裝檢（全名:高級裝備檢查），那可是全營區都要動員的大事，無論是哪個單位的參四業務，都必須熬夜加班，就算自己單位的裝備檢查無虞，也需要去幫忙其他尚未完

成裝備妥善的單位。

這時候團隊溝通力的表現，其實很簡單。因為高裝檢是長官下單位去視察，如果表現良好是應該的，萬一有所缺失，小則業務負責人取消休假，留營查看，大則從上而下，集體懲處。

所以這個時候的團隊目標一致明確，就是全力協助參四業務，不管帳面也好，實際裝備保修也好，要做到萬無一失。有了明確的團隊目標，接下來就是由最有經驗的長官來做調度。由上級單位公布對下屬單位的視察時間，讓有經驗的參四業務去分享注意事項，由各下級單位參四去宣導所有官兵同仁配合。

這時候的團隊合作是「利益式」的，溝通只有一個目的：「不想被留營察看，那就全力配合參四。」這時一旦有人不配合，那就是違背了大家的利益，就會被群起而攻之；只有萬眾一心，才能完成團隊的目標。因此利益型的溝通方式就是「互相合作」。

3. 理念型

張峻豪又以業務的例子來說明，「很多業務工作的底薪是很低的，要賺的是獎金，包括個人的業績獎金跟團體的業績獎金。」於是整個團隊的合作，就是一個目標，「每個人的業績都達成，團隊的業績就

達成。」因此業務工作的「理念」很簡單，就是大家一起賺獎金。

而達成這個理念下的溝通方式，就會是「互相學習」、「彼此分享」；不可能團隊中的每個成員都是業績高手，業績不好的成員，必須學習業績好的成員，看他們是怎麼做行銷，怎麼跟客戶溝通；而業績好的人員，也不要吝惜將自己的成功經驗、自己的方法訣竅與大家分享，才能大家一起達到團隊共同的理念及目標。

先了解，再溝通

做好溝通最重要的觀念，張峻豪覺得，是要「先了解，再去溝通。」例如我們剛剛講的，知道團隊合作的類型，就能知道溝通的方式。溝通是為了讓共識能夠建立，情感跟想法才能交流。

而要了解事情，則是要透過細膩的思考及觀察。在開始溝通之前，先要知道溝通的目的是什麼，是要銷售產品？是要幫朋友解決感情問題？還是要做一場講座，闡述自己的觀念及想法？其次，要了解溝通的對象是誰，是剛出社會的年輕人？還是有孩子的家庭主婦？最後，模擬一下溝通的情境，想想怎麼創出一個好的溝通氛圍，例如今天的溝通是一對一、一對多，還是多對多？又例如在哪裡溝通，是在會議室、辦公室，還是某一個喝茶的地方？

因此，經過觀察，我們可以知道對方的個性，知道對方能接受的溝通模式，掌握溝通的步調，學習怎麼在第一次見面，就能了解對方是什麼樣的人，這在溝通中非常重要。其實，這些並不像大家所想像的那麼難，我們可以這樣做：

觀察，可以從身邊熟悉的朋友或家人開始，因為你最了解他們。你可以開始觀察不同個性的人，會用什麼樣的方式來講話，例如個性比較急躁、講究效率的人，說話會比較快，聲音比較高，又例如個性比較謹慎、習慣思考的人，講話可能就比較輕，語調比較和緩，會需要時間想一下，才把話說出來。

穿著反映性格，因此可以觀察不同的人，平常喜歡穿什麼樣的服裝，例如個性隨和的人，平常的衣著可能就比較輕鬆自在；個性活潑的人，平常的衣著可能就比較花俏；個性嚴肅的人，可能連襯衫第一個扣子都是扣起來的。

可以從日常生活中的觀察，去了解對方的個性，例如當你們在聊喜歡的電影時，你也許會發現，對方如果是一個喜歡喜劇片的人，個性可能比較開放，比較不拘小節，態度也比較大方；喜歡恐怖電影的人，可能個性上比較不會妥協，對事物比較敏感；喜歡動作片的人，穩定度可能比較高，會比較喜歡創意。

了解了溝通的目標、及對方的個性，就能用對方適應的方式，進行有效的溝通。

🔑 正確的表達

　　溝通是我們的目的，而表達只是我們的工具。但表達則有很多面向，大家比較常聽到的，就是心理學家麥拉賓（Albert Mehrabian）的 55/38/7 法則，這個法則中認為，溝通的時候，對方所接受到的訊息，55% 來自於聲音、臉部的表情、及肢體的動作，也就是個人的儀態；38% 來自於語調、語氣、音量等等，也就是一個人說話的風格；只有 7% 來自於說話的內容。這個法則，特別適合第一次見面時的溝通。

　　就如同我們剛剛談到，當你了解了一個人的個性，你就知道怎麼「看人穿衣服」、甚至用對方的語調講話，並營造好溝通的氛圍，避免溝通時的失誤。例如跟支配型的人講話，就要講重點，講快點，但要留給他們充分的時間發表自己的意見；又例如跟思考型的人講話，要講事實，講證據，講慢點，最忌諱的是要他們快點講；而跟影響型的人講話，就要講好話，適度的給予對方讚美，以及正面的回饋。

　　而要如何加強這方面的能力，張峻豪提出幾個方法給大家參考：

　　1. 多閱讀、多了解社會時事、多了解時下流行的用語。請大家注

意，運用知識與訊息，讓你言之有物，這永遠是你在講話時的最有效武器。

2. 多練習，找一個可以有機會練習講話的環境或團隊。平常如果只有一個人的時候，也可以做一些情境模擬，試著假想一個想要溝通的對象，開始跟他講話，然後錄一段音訊給自己聽；聽完如果覺得不滿意，想想怎麼講會更好，然後講到自己滿意為止。

3. 多觀摩，找到幾個你覺得很會溝通表達的朋友，多去觀察他的言行舉止、談吐、以及講話的內容。去學習，去模仿，一開始有樣學樣，後來會有模有樣，最後就可以一模一樣。

🔑 做好溝通的分配比例

除了 55/38/7 法則，張峻豪覺得，還有一個比例很重要，就是互動的比例。基本上，在溝通時，大約 70% 的時間在聆聽，20% 的時間來提問，10% 的時間提出自己的意見，或給予對方建議。最好的溝通表達就是講到別人想聽的，聽到別人想講的。

溝通的前提是能夠換位思考、將心比心。要知道，你要溝通的對象，是站在你的對面，而不是站在你的對立面。溝通不是辯論比賽，當你辯贏的時候，其實你已經輸了。

我們或許常在生活中聽到這一類的話語，「你不要再講了，我不想聽。」、「你不要講下去了，你的意思就是這樣。」將心比心，如果你是講話的那個人，你還會把談話繼續下去嗎？如果對方連話都聽不進去，那要怎麼把溝通繼續下去？所以在你講話前，請你學會怎麼聽；懂得聽，才能表示出你的尊重及信任；懂得聽，才能知道對方要聽什麼話。

我們都知道，有效的溝通，就是正確的理解資訊，並且清楚的傳達資訊，而提問就是最好的方式。當對方的講話到了一個階段的結尾，你可以透過一些簡單的提問，例如「嗯，了解了，你的問題是……」，透過這類型的提問，確認你聽到的話是正確的，你沒有誤解對方的意思。

而當你覺得，對方所表達出來的，似乎不能提供足夠的訊息，你可以這樣提問，「這個，你說的這段話我不是很明白，可以請你再多講一點嗎？」對方會知道你真的用心在聽他說話，他會對你產生信任與尊重，也會更安心的把話說出來。

有效的提問有幾個重點：第一，一次問一個問題就好，才不會造成困惑；第二，要給對方思考及回答的時間；第三，態度要和藹尊重，不要有太多的肢體動作；最後，一個適度的感謝，「謝謝你，這樣我

清楚了……。」如此當你提出下一個問題時，你會獲得更多、更清楚的資訊。

當你要提出一些想法跟建議時，講話要簡短有力，直指核心，而內容必需確實可行，並請注意，建議不是批評，要對事不對人，不要把情緒帶進去。

仔細想，注意聽，小心講，人人都能做好有效及完美的溝通。

張峻豪小檔案

· 虎尾科技大學機械設計系
· TESL 台灣電競聯盟職涯規劃講師
· 線上桌上遊戲講師
· Logitech 羅技 TTP 戰隊顧問講師
· 10 年營養保健食品市場行銷經驗、5 年體重管理產品及曲線管理經驗
· 台北醫學大學保健營養學認證

趙祺弘

08 高效溝通的關鍵心法

> ┃趙祺弘溝通金鑰┃
>
> 溝通時,把舞台給對方,我們試著透過思考與判斷,給出最好的回應。

「哈囉,我叫 Spark !」Spark 老師的陽光笑容能一下就拉近與他人的距離,初見他時覺得特別開朗與熱情,能言善道並且真誠。很難想像,以前的他是一個內向的人,甚至個性還有點自卑,不擅與人交際。但為什麼現在會有這麼大的轉變呢?

Spark 老師來自一個外省家庭,身為外省第二代,父母親從大陸隻身來台,重新在台灣扎根,並憑藉雙手拉拔五個孩子長大。由於家境因素,他從國中時期就開始半工半讀,不單單在工地裡做過雜工,還做過飯店業、業務、活動企畫……。

因為工作的關係,漸漸豐富他的世界,開啟了他的好奇心,從內向自卑的小男孩,直到今日他創辦了兩家公司。

在不斷學習的過程中，Spark 越來越清楚地了解，如何準確拿捏說話的時間點，什麼時候該說話，什麼時候該傾聽，因此大家對他的印象，從不擅與人交際，到現在瞭解與人溝通的技巧，**高效溝通**，原來這麼輕鬆。

🔑 從員工、主管、老闆到講師

Spark 在讀東華大學時想開一間咖啡館。當時，因緣際會下與觀光學院的教授在花蓮一同策畫經營一間餐廳及精品咖啡館 (楊牧詩人印刷廠舊址)，於是在兩間店中受邀執行培訓計畫。他回憶這段時光：「這個工作對我來說初期真是一大挑戰，因為需要讓員工快速地吸收知識，所以我運用了許多方法，如請員工擬定標準作業程序，以客戶的思維下去做每一個服務環節的優化，並且相互討論截長補短為公司制定更優化的 SOP。」

Spark 在教學上做出許多口碑好評，從邏輯式的安排課程，縝密的備課大量的知識資訊，系統安排互動教學方式，在花蓮社區大學當任講師就是一個很成功的例子，這裡的學員大多都是比他年長的學生，所以他運用了許多方法，例如教具模型去做介紹，後來甚至帶領學員去實地走訪咖啡莊園，大家一起去實作後製處理，也因此員工也覺得

收穫滿滿，成效也不錯。

這些過程都成為 Spark 在杭州獨當一面的養分，他在杭州西湖創業開設一家咖啡館，為了將利益最大化，在節流方面他選擇向當地政府承租，並談判如何用最合適的方案且同時減少租金，其中一項「在地職人生活遊程」，成功地打動鼓樓景區管理委員的心，也帶動了週邊商業的效益，最大的勝利品，房租竟然打了六折之多，在苦心經營下，他的咖啡館躋身杭州熱門咖啡館前十名。

由於成效卓著，Spark 也被邀請擔任度假村活動策畫顧問、青年創業以及職場情商管理等課程講師，他運用各類情境與活動：現場模擬、現場演練、現場執行、現場修正，從課程中讓問題發酵，過程解決方向引導，執行解決探討與修正，課程廣獲大家好評。

在教學上，Spark 最大的特色是為人熱情、又頗具親和力，讓知識性的輸出具象化更能被學員輕鬆地接收與解碼運用。在講師這個志業中，他期望能將知識與經驗分享最大化，讓知識成為學員的養份，成為彼此共同成長茁壯的基礎。

利害及情感的天秤

Spark 認為，「平衡情利的溝通」是他在談判中最大關鍵，在職

場中，他著重於「設定溝通理想方案」，也就是預想底線方案，釐清溝通對象的大目標、小目標、暗目標。

當我們在面對溝通對象時，我們總是以自己習慣的方式去應對。

而在多次溝通中，我們會慢慢體認到，「溝通的目的，無非是為了平衡利害關係及情感關係。」於是我們應該針對不同的關係，來設定不同的溝通方案。

不同的關係，一般可以區分為以下四類：

❶ 感情關係高、但利害關係低的人，例如親人。

❷ 感情關係高、但利害關係也高的人，例如合夥人。

❸ 感情關係低、但利害關係高的人。例如一次性客戶。

❹ 感情關係低、而利害關係也低的人。例如陌生人。

與不同關係的對象溝通，就會有不同的目標以及對策，Spark 舉出一些很生活化的案例說明如下。

🔑 當愛成為阻礙（感情關係高、利害關係低）

某次朋友跟她老公吵得不可開交，身為旁觀者的 Spark，知道朋友因為工作很忙，負擔了大部份的家計，還要幫忙照顧兩個小孩。而

她老公卻總是用責怪來表達自身想法，一次女方因忙於家務，讓兩個小孩獨自在房間，老公怕發生危險，兩方因為孩子安全的原因開始發生激烈衝突，吵到最後已經完全偏題，變成在吵誰為這個家庭付出比較多？誰為家庭的開銷負擔比較多？

如果我們仔細思考，夫妻之間是情感關係高而利害關係較低的關係，一味計算彼所此的付出，是不可能解決問題的，若兩人能先停下，商議找出夫妻可共同來解決的方法，例如在家裡用柵欄圍出一個小孩的安全區域，或是製作家庭安全 SOP 手冊，尊重對方的付出而不是彼此指責。如此雙方將會一起成長，彼此學習來面對問題。

面對感情關係高、利害關係低的溝通對象，斤斤計較只會讓關係打上死結，尊重、體諒，認知眼前問題，並共同商議解決會是比較好的做法。

🔑 搏感情也要有邏輯（感情關係高、利害關係高）

有一次，Spark 去談一個五年培訓課程計畫的大案子，這個案子的負責人陳先生是他跟進了許久的客戶，也是他的好朋友。因為已經認識久了，所以這個五年內訓計畫，價格不能高於人家太多，但又不能因為感情關係，給陳先生過度低於成本的價格。

在溝通的一開始，他們只是寒暄，從咖啡館聊到目前的現狀，再聊到未來的展望。從寒暄的過程中，他透過聆聽得到訊息，例如 Spark 問道：「平時公司都會不會一起出去玩啊？去哪裡玩啊？」「原來是出去露營啊，那這樣要準備不少帳篷吧？」透過一些問題蒐集出對方公司的人數及喜好，並且也了解到陳先生只是奉命來接下這份工作的。

而陳先生的立場是什麼？他有多大的建議權等等……，Spark 指出，這些都是非常重要的資訊。我們要成為一個好聽眾，在聆聽中蒐集訊息，了解競爭對手的價格，好為接下來的溝通做出鋪陳。

接下來，因為與陳先生的關係還不錯，為了考量後面繼續合作的可能性，他應該開出一個較符合市場行情的價格，甚至是稍低、做出一些讓步，因為他期望和對方持續保持這樣友好的關係。

「後來陳先生讓我們以市場價格得到了這個案子，我也為整個培訓課程提供更多的額外服務，成功創造了雙贏。」Spark 表示。

面對感情及利害關係高之溝通對象，在溝通前可以先訂好目標，理出流程，以免演變成為閒聊，如此才能提高溝通效率。

要上談判桌請準備籌碼（感情關係低、利害關係高）

有一次，Spark 要在國外舉辦一場 300 人大型的骨牌課程活動，

對方是由福委會承辦，但因為這個公司的福委會是輪替的，所以他能夠理解這可能是一次性的合作，雖然聯絡窗口有可能會交接，但是再拿到案子的機率比較小。

所以在溝通洽談前，Spark 擬定好計畫，接洽時必須透過詢問全盤理解對方的需求，並且都是利用 e-mail 留存商討的結果 (白紙黑字)。最重要的是，他開出了的費用之中加進了許多籌碼，例如攝影費用，結案報告等等。

「這些都是在合理範圍的價格，因為我們有一些籌碼，所以我們是可以慢慢讓步，讓對方有刪減這些籌碼的空間。」對方衡量了狀況後，只刪減了攝影的費用及一些雜項費用，讓這案子從高價慢慢變至中價位。如此，對方因為節省了成本而覺得愉快，公司也獲得利潤，這次的合作也相當成功，皆大歡喜。

對於感情關係低，利害關係高之對象，要整理出自己的價值，當對對方覺得自己的不可取代性高，溝通才能事半功倍，但請切記，沒有人會記得你的好，若連自己都說不出自己的價值，在談判桌上，將沒有人會重視你。

🔑 只是路人甲乙丙（感情關係低、利害關係低）

其實這類是最簡單處理的類型，生活上有時候就會遇到一些這類的人，像是搭公車，你明明已經在遠處揮手，可能司機沒注意到，上車以後還罵你，「要我從內線切到外車道很危險耶！」

面對感情與利害關係低的對象，你只要知道對方跟你沒有情感關係，彼此也沒有什麼利益關係，未來也可能不會再見面，知道這點，就沒必要再做溝通，也無須動怒，只要迴避即可。

🔑 關係不同，溝通策略自然也不同

針對這些真實發生的小故事，Spark 與大家分享正確的溝通思維及方式。

● 面對感情關係高、但利害關係低的對象，例如親人及好朋友，我們首先要釐清溝通的目的，並且為了維持之後的感情，所以儘量以「問題解決、共好的方向」去達成目的。

● 面對感情關係高、利害關係也高的對象，例如合夥人以及長期的合作夥伴，我們需要去理解溝通的目的，並且針對目的去解決其中的問題並達成共識，而其中的利害關係就是公平公允，為了未來能夠

維持良好關係，做適度的讓步也無妨。

• 面對感情關係低、但利害關係高的人，例如一次性的客戶、一次性的廠商，我們應該要想辦法讓自己的利益最大化，準備多個籌碼或者方案與對方溝通，強化自己的優勢，並達成目的。

• 面對情感關係低、但利害關係低的人，我們採取的溝通方式會是迴避或是妥協，因為面對他們，我們不太需要考慮未來的情感關係，彼此跟利益也掛不上勾，那何必一定要與他們溝通呢？能迴避就迴避，不必自找麻煩，搞得自己煩心。

🔑 生活處處靠溝通

懂得說話技巧，才能達到溝通的目的，Spark 分享了家裡的小故事。

我的母親是個永遠覺得孩子吃不夠的人。某天，「天啊，又來了，母親又煮了五菜一湯，而今晚只有我跟爸媽三個人一起吃飯，我心裡想，是時候好好媽媽溝通一下。」

Spark：「媽，今天是有客人要來嗎？」

媽　：「沒有啊，一樣我們三個。」

Spark：「如果我們吃不完怎麼辦呢？」

媽　：「一定要吃完！」

看到媽媽執著的眼神，我知道這場溝通將要變成一場持久的戰爭，於是嘗試丟了幾個不同的建議給媽媽，例如：

Spark：「還是我們剩一些明天早上熱來吃？」

媽　：「明天就不新鮮了。」

Spark：「那為什麼要煮那麼多呢？」

媽　：「因為要給你營養啊，難得回家一趟，我是特地為你煮的。」

Spark：「還是我吃掉這部分，剩下交給妳？」

媽　：「不行，大家要一起吃完。」

Spark：「我真的吃不完，不然我們看姊姊做飯沒，要不要一起吃？」

我立刻打電話給姊姊，姊姊也挺開心的，於是我們把飯菜裝進便當盒開心地去看看姊姊，最後三個人與姊姊跟姊夫一起吃完了這份愛心晚餐。

事後我告訴母親，「妳知道嗎？這飯菜是五人份的量。」媽媽笑笑地說，「沒辦法，都煮了嘛，就怕你吃不飽啊。」

用這個小故事，我想與大家分享，我們在生活中的任何一場溝通，只要多思考，故事就會有更好結局，只要願意，每個人都可以。

🔑 溝通四步驟 逐一拆解

說到溝通的過程，其實跳脫不了以下四個步驟：

❶ 溝通前

❷ 開場，寒暄

❸ 給出想法

❹ 完成溝通

每一個環節都非常地重要，從上面的小故事，我們可以看見：

◆ **溝通前：**

可以先做理性的分析，這能讓我們不帶有情緒，能夠理性的思考。很多人都說「情緒總在邏輯思維前」，假設在剛剛的小故事中的開始，Spark 是帶有情緒的喊：「媽！妳幹嘛煮五菜一湯啦！大家吃不完的。」那我們很可能就達不到原本溝通的目的了。

再來我們可以透過思考，預先了解溝通所要解決的問題及目的。以這個小故事為例，溝通的目的是為了讓自己不要吃得太飽而不舒服。

◆ **開場，寒暄：**

　　接下來，我們可以透過寒暄的方式多了解對方的需求，這些都將會變成我們溝通的籌碼，例如母親覺得新鮮很重要，母親是為了小孩健康、為了小孩好，這樣我們就可以更了解母親的心裡在想什麼。

◆ **給出想法：**

　　在走到給出想法這一步之前，會有很多個方案，了解自身擁有的籌碼，做出我們的提議，慢慢讓步。

　　以剛剛的小故事來說，Spark 提出了「讓我們明天早上再吃」，接下來稍微讓步，「我吃一部分，剩下不吃。」最後只好依據媽媽的要求，吃完這份晚餐，但可以接受的前提是，「要找姊姊大家一起吃。」

◆ **完成溝通：**

　　完成溝通的目標，就是達到我們溝通的效果，但也有很多時候可能會失敗，那就得重新擬定策略，繼續溝通，需要花比較長的時間。

　　像上面的故事，最後大家都了解，這份晚餐的份量真地太多了。一開始經過溝通，提出不同的解決方案，但是都被媽媽否決。最後達到共識，不只符合了母親的需求，吃完了新鮮的飯菜，還能見到也很久沒見的女兒。

🔑 如何將邏輯思維化為有組織的語言？

此外，將邏輯的思維化為有組織的語言，是成功溝通的要素。Spark 提供我們一些技巧，透過練習與累積，培養自己「語」的能力。

1. **閱讀**，是一種「資料的收集」，得到別人的經驗，包括成功與失敗，進而變成自己的想法及做法，減少自己說錯話的機會。

2. **聆聽**，用心地去聽，用耳朵聽到客戶口中的話，用眼睛看到客戶肢體表達的意思，從聆聽中知道客戶的需求，也就能說出正確的語言。

3. **表述**，這是一種在不斷的練習中所得到的技巧，試著組織一段語言、描述一件事，如果連你自己都聽不懂自己在說什麼，別人又怎麼會理解！不要怕說錯，就怕你不說。練習，練習，再練習！

4. **好奇及思考**，例如你做了一個提案，自己覺得不錯，但是沒有從客戶或第三者的角度來看這個提案，你又如何知道自己的提案是好的？所以請隨時維持思考的習慣，並保有好奇的態度，才不會陷入過度主觀的思維。

5. **靜下心來梳理**，在溝通時，要靜下心來梳理對方所提出的意見，理解他真正的要求。靜下心，才能專心，才不會在溝通中離題，做出錯誤的思考。

Spark 最後鼓勵大家，保有彈性與好奇的心，善於溝通表達的人，都更懂得雙贏的道理，擁有樂於奉獻、願意付出的心，自然而然，你就會成為一個處處受歡迎的溝通高手。

趙祺弘小檔案

- · 奇想情境式培訓 創辦人
- · 品牌刪除線 營運總監 COO
- · 杭州納利咖啡 創辦人
- · 東方美好生活渡假地產 銷售經理
- · 勵活課程設計中心 特約講師

chapter 3

身之章

09 善用身體語言的溝通術

| 楊致中溝通金鑰 |

好的肢體語言比說話內容更重要。

除了懂說，更要透過肢體語言，強化關鍵訊息。

　　童子軍的價值觀，在於自我獨立，強調團隊互助；而在面對挑戰時，能同舟共濟，患難與共。楊致中在國中時代就是童子軍，大學時帶領童軍社團，也曾擔任國中的童軍老師，秉持著這個價值觀：「一日為童軍，終身為童軍。」；現在，他是企業人資 HR（Human Resource），也是一名講師。

　　畢業自國立科技大學土木系的楊致中，在學校時就是社團領導人，不僅擅於組織活動、爭取經費，也因為經常得去國中、小學帶領童軍活動，鍛鍊了一身的溝通術。在畢業前，他就進入保險業務領域；退伍後，因為個人興趣，還在國中擔任了三年半的童軍代課老師。

　　但由於少子化的影響，在現今教育體系下沒有教師證的老師，較

難持續教師這個職務。歷經三年半、在三間學校代課的轉換後，他下定決心離開學校內的教育體系，換個方式，走入企業培訓的講師圈。

「我曾在管理顧問公司規劃課程及活動，曾在遊戲公司擔任教育訓練的工作，現在則在企業擔任人資（Human Resource），也協助企業、學校、公部門進行授課。」雖然離開了校園，楊致中依然自詡是教育工作者，這是他對於自己的期許；他認為，教育不分是否站在講台上，其實生活上的點點點滴，都是教育的一環。

由於童軍生活的訓練，讓楊致中有著渾然天成的自信、多元的個性、以及勇敢樂觀的教育精神；更由於人生經歷的多元，他更能理解來自不同階層的人心，並且站在他們角度，感受他們的感受。

「師者，傳道、授業、解惑者也。」對楊致中來說，講師不只是站在台上講課，更多的時候是走下台後的身教；每一個生活場域都是教育現場，在與學員對談的時候是，走在路上的時候也是；教育不被限制在講台上，教育存在於任何時刻。

因此，他期許每個人都能有多一點的思維、多一點關懷、多一點說明，也要求自己能給學生多一點時間、多一次機會。教育就是為了讓學生發掘自己更多的可能，這樣的教育心態及行動，會讓學生看見一種希望，更是讓社會更好的一個起心動念。

✎ 學習用身體語言來觀察人心

「教育其實就是一種溝通,當你踏進教師或活動的現場,那就是溝通的開始。」所謂「身」的溝通,就是非語言的溝通,「身」代表肢體語言,我們可以從觀察開始,來決定該說的話語及溝通的方式。通常人類 90% 以上的溝通並不是透過語言,而是透過身體;而且每個人都會說謊,但身體卻不會說謊,至少在沒有受過特殊訓練前不會。

當課程進行時,楊致中會隨時觀察學員的行為,掌握學員的心境。在職場中,這樣的技巧也能讓溝通時事半功倍,楊致中舉出一些例子提供大家參考。

● 在上課或會議中不斷轉筆,這代表著對方的腦子在快速轉動,例如學習課程中的知識,或正在思考會議中的主題,這表示對方的狀態是專注的。

● 折書本或筆記本的角落,就像我們跑步時會擺動雙手一樣,不斷地活動手指表示對方正在集中自己的關注力,正處在高效率的學習或工作狀態。

● 觀察眼角的皺紋,也就是我們俗稱的笑紋,可以知道對方是不是真地開心。因為,虛偽的笑容是不會看到笑紋的。反過來說,人們挑起眉毛的表情,往往代表驚訝、擔心、或不安。

‧ 摸臉、搓手指、抖腳是焦慮時經常出現的肢體語言，是一種想要自我保護的表現；這也表現出對方有一定程度的無聊或不耐煩。

🗝 透過觀察身體語言，做出洽當的回應

在會議或談判時，我們也可以透過觀察對方的動作，了解對方在想什麼，做出正確的因應及回覆。

‧ 當你在說話時，對方不自覺地搔搔頭髮，或者輕揉太陽穴，這表示對方正在仔細思考你的言語，但並不對你所說的話完全認同。這時候你要注意，當談話告一段落，對方可能會提出他所不理解、或有疑慮的部份。

‧ 當出現手握成拳頭，輕輕敲打桌面，或者用手指頭輕敲桌面，但眼睛看著桌面，或許表示對方對這議題很小心，或者情緒有點緊張，這時候要適時改變語氣，或暫時離開話題，緩解一下氣氛。但如果出現同樣的動作，但對方是注視著你的時候，那對方表達的是可能是不耐煩，暗示你講快一點，你就得加快說話的語速，並且不要脫離了談話的重點。

‧ 用手指輕輕揉著下巴，表示對方正在思考，而且已經到了要做決定的那一刻；這時候要加強話語，把對方導引到自己設定的目標上。

• 手肘頂著桌面，兩手手指交叉，兩手呈V字型，並且對你有較長時間的眼神接觸，這表示對方對你的提議或談話內容很有興趣，那麼你要打鐵趁熱，加強議題的重點。

• 用手輕揉耳朵，或玩耳朵旁的頭髮，或用手輕揉一下後方脖子，表示對方已經分心了，或者對你的話語沒有興趣，不想聽你說話。這時候，一個適時的玩笑，或者把對方引入到較輕鬆的話題，會對接下來的溝通很有幫助。

• 在談話的過程中，對方雙臂相抱交叉於胸前，或者雙腳交叉，表示對方無法接受你的觀點，在情感上及身體上都把你擋在外面。這時候你應該適時退出議題，或轉換議題，讓對方有時間冷靜。

從身體語言判斷對方個性，找出相處之道

透過身體的語言，也能判定一個人的個性，經過觀察，你就能找到比較合適的相處及溝通方式。楊致中舉出一些例子給大家參考：

• 喜歡啃手指的人，往往展現出由於口腔期發展不順而導致的「口腔性格」（oralcharacter），在日常生活中偶爾會比較悲觀、自戀、與依賴，也比較容易緊張，例如在考試或報告前，口腔性格的人就會出現這樣的動作。那麼你在平常就應該多給予對方關懷與鼓勵，在對方

緊張及焦慮時，一個鼓勵及肯定的眼神，往往就能給他們幫助，在對方完成一個任務時，適切地讚美，會加強他們的自信。

●常常會撕紙或在筆記本上塗鴉，這樣的動作常在過動兒童身上發現，他們在煩躁的時候，會透過這樣的動作釋放壓力，有時也是他們希望得到關注的一種表現。在日常生活中經常出現類似行為的成人，比較不喜歡受到規範的制約與束縛，偏向感性與細膩。

●常常拿頭髮扎自己的人，心理上比較屬於刺蝟性的性格；他們有自己的底線，在不跨越這條底線的狀況下，他們往往是好好先生、或好好小姐，然而一旦越過他們所設定的底線，爆發出來的行為或語言會很驚人。跟這樣的人相處，就要小心謹慎，在言語或日常中，要覺察出他們的底線，並且不要做出無意的挑釁。

●有些女性喜歡摸自己的頭髮或玩自己的辮子，這是給予自己安全感的行為，這類的女性通常外在的表現給人的感覺比較內向，但在她們的心態上卻追求自我的獨立與認同。她們的話通常不多，但是講話很有條理，講究重點，跟她們溝通時注意不要離題，速戰速決。

●衣著也是一種身體的語言，眼神嚴肅，喜歡正式服裝，往往在性格上屬於邏輯型的人；笑容和藹，穿著年輕，顏色比較亮麗，往往是溫暖型的人。

℘ 溝通的 73855 定律

根據柏克萊大學心理學家心理學教授艾伯特·麥拉賓 (Albert Mehrabian) 在 70 年代的一項研究指出，人們在溝通時，55% 的訊息是透過視覺傳達，也就是肢體語言，38% 的訊息是透過聽覺傳達，包括說話時的語調跟語速，只有 7% 取決於說話的內容，這就是所謂的「73855 定律」。

身體語言能傳達的訊息，比言語或文字更多。而身體語言包括語氣、聲調、眼神、表情、動作、姿勢等；我們可以透過身體語言的傳遞，在溝通中加強我們的說服力，達到「身的溝通」。

當楊致中站在講台上時，他要面對很多學員，一定無法跟每一個學員都說到話，但他總會善用眼神跟他們說話，讓對方也可以感受到身為教育者對學員的關心。

例如有一堂課程，他要講解企畫書的撰寫技巧，當他在分享自己曾經寫的企畫時，邊講課他會邊走動，用眼神去掃過每一個看著投影、以及看著他的學員。當眼神交會時，做出點頭的動作，會讓學生感覺到自己跟講師已經處身同一個頻率，更能進入課程的內容。

🔑 讓身體語言成為對話的延伸

在知名漫畫《灌籃高手》中，主角櫻木花道有一句經典台詞：「左手はそえるだけ……（左手只是輔助）。」套用這句話，在彼此溝通對話的過程中，手的動作就會是一種輔助；進一步的說，任何的動作都有可能成為良好的溝通輔助。例如手的揮舞、擺放位置，如果這些動作都在說話，那麼它告訴了我們什麼？

透過一次一次的觀察，在一次一次的溝通中，我們可以學習運用肢體動作，來傳遞彼此想表達的訊息，讓身體的語言成為對話的延伸。

像是陪女朋友逛街時，應該是男生比較無聊的時候，但對於女生卻是一種享受，那男生在旁邊可以做什麼？如果這時候，男生只顧著滑手機，那是罪該萬死的行為，因為這樣的動作表示無聊、不耐煩。

其實多花一點時間觀察女朋友的行為，就能知道她在想什麼。逛街走路的過程中更要留心，女朋友不經意地去觸碰了哪一些東西，有項鍊、耳環、各式飾品、小物……這時候她沒有馬上出手買下東西，她考量的重點有很多，也許是價格，也或許是實用性。

但不管是什麼，當她的手伸出去觸碰這些小東西，同時投以一個期待的眼神，爾後又默默地將東西放回去，這時候其實可能在說明一件事情，她很想要，但自己還在掙扎，所以遲遲沒有下手。

其實這就是一種對話，她的肢體行動已經在說話了，她在跟這小物對話，也在跟自己的內心對話，只要男生多看幾眼，多注意一下就可以察覺到。下次節日或是兩人約會吃飯的時候，不經意地拿出當時逛街、女友曾經對話過的小東西當作小禮物，那兩人間的關係肯定會增溫不少。

⚷ 透過肢體語言的觀察，修正溝通調頻

在工作上，我們往往要面對主管進行簡報或是口頭說明，通常在報告完或會議結束後，我們才會知道自己的意見是否被認可，或者要準備加班重新修改企畫案。但在會議或報告的過程中，其實可以經過觀察，隨時修正溝通的節奏及頻調，減少溝通中發生錯誤的風險。

我們在之前的論述中已經舉出一些例子，例如對方眼神是否專注？還是已經在左右飄移？有沒有抖腳或是雙手在桌上忙來忙去的行為？是否雙手交叉胸前，凝視著你，並且身子向後傾斜？……

這些情況的發生，可能代表對方對你的談話或報告內容不感興趣，或是對方已經知道你的主題，但是你並沒有講到重點。這時候可以做的，是暫時離開對話，離開溝通的主題，讓溝通的氛圍可以和緩下來；或者透過提出疑問的方式，讓對方可以即時給予一些回饋，讓

你在進行溝通過程中可以有所修正。

透過身體語言的觀察，隨時修正自己的方向，不要只是一股腦兒的認真，倘若溝通的方向不對，調頻不對，那麼再多的努力，都是白費。

🔑 慢慢來比較快，用身體語言加強溝通的效果

我們要練習把話先聽完，不作價值判斷，不要在過程中有太多情緒產生，因為你身體的動作，會表現出你的心境，例如不耐煩、急躁、或者對對方的論點不認同。

因此，在說話及聽話的同時，如果能正確地運用肢體語言，就能巧妙並有效地傳達訊息，幫助你贏得好人緣，拿下好業績。

● **正確的眼神交會**：相信從小我們就被教育，說話時候要看著對方眼睛，不然會被當成心不在焉的人；基本上，所謂眼神的交流（Eye Contact），在溝通的時候是必要的，那代表專心、真誠、鼓勵、有興趣。但一定要注意，過長時間的注視，反而會造成對方壓力，甚至感到威脅。經過很多研究，我們發現眼神接觸的時間最好不要超過 7 秒，不然有可能帶來反效果。

● **善用手勢**：如果要展現自己的自信與活力，講話的時候手的動作

可以大一點，可以用手掌面對群眾，會表現出友善及親近；要強調自己的論點時，可以握拳，並有力地輕揮一下，展現說服力；在適當的場合，可以舉大拇指表示鼓勵及贊同；面對面說話時，自然並輕鬆地讓手肘放在身體兩側，會減少對方的緊張，也表現出你的自在及友善。

• **注意自己的腳**：溝通對話的時候切記不要抖腳，這樣的肢體語言，往往表達了自己的不耐煩或不尊重；適當的坐姿會表達出親近及關注，雙腿併攏，腳掌著地，身體稍微傾向對方，這時表達出的語言，是「我期待與你溝通」。會議中報告或演講時，頭部保持直立，兩腳自然分開，大概與肩膀同寬，腳跟站穩，這會帶給人家穩重、專業的感覺。

• **頭部的姿勢**：交談中，頭部的姿勢很重要，如果對談的時候縮著脖子，同時彎腰駝背，這會給人家一種心虛、沒有自信的感覺；而把下巴抬得太高，則表達出「驕傲」的身體語言，這些都是需要避免的。對話的時候可以稍微斜著頭，露出一點脖子，這樣會給對方一個友善及安心的訊息。

• **適度地模仿對方的身體語言**：當你開始複製對方的身體語言，會讓對方在不自覺中放下戒心，讓溝通變得更自在，這個叫做「邊緣同步（limbic synchrony）」。例如有人講話的時候手勢比較多，那麼

你也可以運用比較多的手勢；有人講話的時候會習慣搔搔頭，你可以模仿但不要過度刻意，不然會造成反效果。

身體語言的運用，是可以透過練習來達成的。在生活中用心觀察他人的行為，將自己轉換到對方的角色，感受那當下的心境；也可以觀察自己在不同心境下，表達出什麼樣的身體語言。避免負面訊息的傳達，使用正確的身體語言，這樣人人都能成為「身」的溝通師。

楊致中小檔案

勵活課程設計中心 專案經理／特約講師

講台上的我是位老師，坐在辦公室的我是位人資，走進企業的我是位課程規劃顧問，每個角色都是我。

所有經歷的一切，都不會白費。當回過頭來，會發現成就自己的，正是這些名為過程的養分。

敢於創造，才能創造自己的路。我正走在我想要的路，並邀請你同行。

蘇俊誠

10 心理工作者眼中的溝通

| 蘇俊誠溝通金鑰 |

想要好好溝通，先問問你的身體。

溝通困難常來自僵化的身體反應。自我調節才能開放傾聽、
有效表達。

　　在大多數人的印象裡，心理工作者無非是最懂得溝通的人，從對
方的身體動作、說話聲調、言談內容，他們就可以直入人心，做出分
析。但心理工作者究竟如何看待「溝通」這件事呢？蘇俊誠的論述角
度，相當獨特。

　　蘇俊誠高中畢業自新竹中學，他形容那裡「奇人軼事眾多」，同
學的背景與人際風格各異，卻又各有其才，激盪出各種荒誕的事蹟。
與同學的相處使他對人類的行為與心理產生興趣，於是大學選擇主修
心理輔導，畢業後也在中學從事輔導工作並講授相關課程。

　　而因為期許自己走向更深入的心理治療實務與研究，就讀研究所

時，他決定投入成癮治療及生涯發展的領域，並開始在看守所及安置機構從事輔導與研究工作。

「那經驗很刺激，因為青少年只是難搞，監所個案卻更複雜，看起來和和氣氣、天真浪漫的人，肩上可能背了幾條人命，甚至是叱吒江湖的大人物。」這些人生命故事和內心世界與大眾想像相去甚遠，要讓他們打開心防，確實是深具挑戰性的工作！

專業實務與研究的成果讓他得到肯定，2019 年，蘇俊誠通過審核，在美國國家生涯發展協會及台灣心理治療聯合年會發表研究報告，成為該年度兩會最年輕的發表者之一。

除了是專業的心理工作者，蘇俊誠還是個藝術工作者，曾經參與戲劇演出，合作團隊包含國家交響樂團、台北市立交響樂團、果陀劇場以及曾在世界合唱大賽為台灣締造世界紀錄的木樓合唱團等，他也隨團赴德參與過布拉姆斯國際合唱大賽，得到該年度總冠軍。近年演出足跡遍及歐、美、日、東南亞等世界各地超過 20 個城市，並屢次獲邀擔任導聆與音樂會主持人。

🔑 每段歷程，都是深度的自我整理及助人養分

蘇俊誠形容，學習心理諮商與表演藝術的歷程，都是艱苦的自我

修煉，整個過程像開刀一樣，強迫人面對內心的脆弱與執著。有段時間，他亦曾處在憂鬱症的狀態中，卻也因此對受苦的心靈有更深刻的理解。

新竹中學的多元自由以及兩所心理諮商名門的嚴謹訓練，讓他的工作模式既強調扎實的科學證據與人文精神，又試圖追求嶄新的體驗與冒險來打破人們生活的框架。他自詡是個「科學家－實務者」，是將研究及實際治療工作結合的治療師，卻因緣際會成為了生涯發展領域的講師。

這份完全不在他規劃內的工作帶來意外的樂趣。某次講座結束，一個學生衝上來塞紙條給他，上面寫道：「這是我 18 年來聽過最好的講座……感覺自己的心都被打開了。」還有一次在某所知名國立大學，有位大四生在回饋表寫下：「這是我四年來過得最有意義的兩個小時。」一方面，這些「浮誇的回應」讓他好奇學生過去的生活到底是有多「沒意義」，另一方面也覺得，若能持續帶給他人這種體驗，倒是件很「有意義」的事。

🔑 有品質的溝通 來自於有效的自我調節

蘇俊誠所從事的心理工作必須承受極大的壓力，尤其與藥癮者或

躁動的青少年溝通更是一大挑戰。在團體或家族治療中，成員之間的衝突往往一觸即發；面對來自個案的躁動及反抗，心理治療師往往會勾動自身負面情緒的反應，並侷限了下一步的思考與行動。

他指出，坊間多數書籍的觀點，都是透過觀察細節或做出特定的動作來促進溝通；但其實良好溝通的前提，應該是先調節好內在，並保有足夠大的心理彈性。因此他從想要從更整體的角度來看溝通中的肢體運用與非口語訊息，也就是透過觀察自己的身體反應，排除與人溝通時的阻礙，甚至促成更深入的表達與理解。

根據 Fichten 和 Asuncion 等人的 研究，多數人傾向注意他人的肢體與表情訊息，卻較少注意自己。也就是說，解讀別人很容易，關注自己卻很難；我們會想要透過作出特定的動作與表情的方式，來增加溝通中的效果，現實中卻往往弄巧成拙。例如在報告或演講時，極力注意自己的手勢動作，但跳動的眼角、僵硬的嘴唇或肩膀，早已洩露內在的不安，過度在意細節反而浪費了能夠用來觀察聽眾反應和進一步思考的認知空間。

大家應該都理解情緒對溝通的影響很大，而情緒、思考、肢體行為與身體反應四者環環相扣。我們常聽人說起「氣勢」的重要，氣勢是一種在關係中帶給他人的整體感受。正面的情緒如自信及樂觀，會

讓人自然地產生信任與希望感，這就是一種氣勢，而慍怒與哀慟等負面情緒，也會帶動讓人更重視問題或使人變得溫柔的氣勢。

好的溝通不是時時保持正向樂觀，而是能依照當下的需求，表達自己真正的意念。為此，必須適時的做好情緒調節，減少不適當情緒所帶來的即時反應，有品質的溝通必然來自有效的自我調節。

蘇俊誠引用法國劇場大師賈克‧樂寇（Jacques Lecoq）的名言：「肢體動作的奧秘在於呼吸與平衡。」同樣的動作搭配不同呼吸方式和重心，就有完全不同的表達。要做好真正有力的溝通，必須達到情緒、肢體動作、臉部表情、及語意內容的一致性；而想做好身體語言的表達，必須先學會辨識當下因情緒反應而出現的行為，將之調整為有助於當時溝通情境的方式，那些「華麗」的身體語言才會產生想要的作用。換言之，「內功」遠比「形式」重要。

⚷ 重複的溝通困境，往往來自於曾經的創傷

很多人會在特定的溝通情境裡重複受挫，比方說要在權威者面前報告、年紀比自己小的人對自己提出質疑、拒絕來自異性的要求等等，這些雖本來就是頗有挑戰的情況，但有時自己表現的失常，簡直像中了邪一樣，而且三番兩次陷入類似的困境，令人懊惱不已。

創傷照護大師蘿拉・李普斯基（Laura van Dernoot Lipsky）提出16 種創傷反應，而以現代創傷知情（trauma-informed）的概念來說，創傷經驗帶來的身體反應是主觀而瞬間的。在蘇俊誠經手的案例中，甚至有學生只是被輕碰到手肘，就會立刻發怒並在幾秒鐘內趴下熟睡的極端狀況。

如果閱讀這 16 種創傷接觸反應，很多人一定會覺得：「啊！這就是我在開會時、跟老闆講話時的狀態！」比如像是緊張、抗拒、甚至是失去創意與邏輯思考能力。從最廣義的角度來看，那些在溝通當中卡住、無法順利傾聽、腦袋空白的時刻，很可能就是某種創傷反應的表現型態。

或許我們不該稱之為創傷反應，而應該說是，「一些曾經受傷的生活經驗，所帶來身體上習慣的動作反應」，這是每個人每一天都在發生的現象。這種「類創傷經驗」帶來的身體反應往往讓我們不自覺的肢體僵硬，限制我們的表達，甚至作出錯誤的判斷。要想解脫這種限制，先要理解這種情緒反應從何而來。

蘇俊誠用加拿大心理學家艾瑞克 ・ 伯恩（Eric Berne）所提出的經典溝通分析（TA，Transactional Analysis）理論：PAC 模型（P、A、C 正分別代表 Parent、Adult 和 Child 的首字），來幫助大家理解，或

許藏於你內心深處、幾乎不可察覺的生活經歷，所可能帶來的溝通及表達模式。

P－父母自我狀態： 成長的過程中模仿父母的行為、思考模式、情緒反應而形成的一系列模式，例如與父親相似的生氣模式或和母親難以拒絕要求。

A－成人自我狀態： 針對此時此刻的情況做出的反應，通常被認為是合理的，例如針對突發的意外做出適當處理、因親人過世感到程度合理的悲傷。

C－兒童自我狀態： 過去親身經驗過的情緒、有過的想法與行為模式被留存下來，在某些時刻回放。例如大人在遊樂園裡放肆玩得像小孩、遇到和爸爸神似的人就不敢忤逆等。

因為每個人成長經驗的不同，在面對不同情境時，通常會自動地召喚出不同的自我，來因應當下的情況。許多人以為，凡事都該以成人自我狀態來表達最好，但撫育性的父母狀態，和自由自在的兒童狀態，都有其在關係上的功能。關鍵在於我們有沒有足夠的心理空間去因應溝通過程中的壓力，並保持在不同的自我狀態間自由移動的彈性，而非陷入僵化的反應模式之中。

✏ 跳脫僵局的第一步：辨識情緒所帶來的身體反應

該怎麼做才能跳脫這種溝通上的僵化呢？當然可以透過心理諮商，解開一些過往的心結，幫助我們鬆脫經驗的限制。另一個有效的自助方式，就是透過對身體反應的覺察，辨識自己的反映模式，並加以修正。

首先，我們要注意到自己日常溝通中時常卡住的時刻，「面對誰、在什麼地方、做什麼事情、想表達什麼訴求，前後有什麼線索，甚至是當時衣著是什麼」，因為負面情緒的喚起，往往就是因為一些小細節。

記錄下這個時刻以後，試著分辨在這個情境當下，自己的情緒，是生氣、困窘、還是害怕，而更重要的是觀察自己身體的反應，每一個人的身體反應都有不同的起點。以蘇俊誠自己為例，他第一個能感受到的通常是肩膀不自覺的緊張，對他而言，注意到肩膀緊張就像是看到逃生梯的燈號，反映他內在的焦慮升高，提示他應該做點什麼來調節自己。

接下來，我們可以想想自己在害怕什麼、在生氣什麼，這些情緒反應，往往都跟過去個人的成長經驗、或對未來可能後果的預期有關。如果你能夠後設思考，捕捉到在那些在溝通上卡住的時刻，回想那當下自己內心的小劇場，往往就能找到負面反應的來源。

🔑 調節身體反應，擴大容忍之窗

伴侶與家族治療的訓練中，有一個被稱作「容忍之窗」的概念。在情緒被過度喚起、和過度抽離之間，存在一個適度、有彈性的空間，這個空間的大小人各有別，空間越大，就越容易保持良好的溝通交流。一旦情緒狀態超出這個範圍，這個人大概就無法溝通了，蘇俊誠戲稱這時候這個人就是「脫窗了」，必須放下正在談的任何話題，先把對方的情緒和生理狀態調節到合適的水平裡。

不只是來尋求幫助的人，心理師在面對壓力和刺激時，也同樣有機會「脫窗」。因此透過訓練擴大自己的「容忍之窗」並找到關鍵時刻讓自己回到窗子裡的方法，正是心理師養成中最重要的部分之一。

蘇俊誠介紹了幾種能擴大「容忍之窗」的空間，以及能在危急時刻幫助我們回到容忍之窗的方法，幫助我們解除阻礙溝通的負面反應。

◆ 擴大窗戶

1. **漸進式放鬆訓練**：放鬆是一種釋放身心壓力及緊張的過程，這個訓練能運用身體肌肉群的緊繃（約 5 秒），再放鬆（約 15 秒），這些肌肉群包括手掌、手肘及手臂、額頭、眼睛及鼻樑、口腔肌肉及舌頭、肩膀與頸部、胸部及上背、腰部及下背、臀部及大腿、腳掌；依肌肉群的順序，陸續做收緊／放鬆的動作，透過這個訓練，讓身體記

憶住從緊張到放鬆的感覺，對焦慮和壓力過大的人非常有效。

2. **全集中呼吸法**：在緊張或感到壓力時，呼吸會變得淺而快，血壓上升，交感神經亢奮，身體準備進入戰鬥狀態。這時可以透過專注地呼吸來調節狀態，並不需要特殊的環境，讓心思集中在呼吸上，輕而緩慢的吸氣，直到空氣充滿肺部，再輕而慢地把氣呼出，同時放鬆肩膀（或任何你最常緊張的地方），想像把呼吸擴散到全身。

◆ 回到窗內

1. **調整平衡法**：透過身體上小動作，打破原本僵住的狀態，例如對話中因彼此僵持而煩惱時，稍微改變坐姿、喝一口水，甚至起身去洗手間、換座位，爭取時間讓自己冷靜外，也有機會改變對方的狀態。

2. **三次呼吸回窗法**：這個方法需要平時就做呼吸與放鬆的訓練，深刻記憶吐氣時放鬆的感覺。在必要時就能透過專注地做兩到三次呼吸，達成回到窗內的效果。

另一個既能「拓窗」、又能「回窗」的方法，被蘇俊誠稱作「情緒目錄法」，也就是像前面提過，透過記錄自己面對不同情境的情緒和身體反應，並在平時設定好因應的措施。他舉自己為例，他意識到自己生氣時常會感受到後頸有股熱流流過的感覺，因此當感覺到這股熱流，他就會先開口說：「不好意思，我稍微想一下。」來避免可能的失控，而

更多時候，光是覺察到自己有怒氣，就足以讓人恢復一些理智。

🔑 開放自己，運用情緒，促進一致的溝通

回到我們所強調的整體觀，比起辨識特定的動作細節，不如運用自己身體的感受去調整自己溝通的步調。保持開放的觀察，不要急著批判，而是在心裡問自己，「剛剛與對方的互動中，帶給我什麼感受？我猜想他可能是什麼狀態？」久而久之，自然會歸納出一些細節，例如眼神的變化，以及在特定情緒下會出現的慣性行為。可是，如果一味僵化地利用這些小細節，在蘇俊誠的經驗中，很可能造成錯誤的判斷。

他認為透過對自己身體反應的覺察來運用情緒，自然地調整溝通的方式，比起刻意改變自己的身體語言，要來得更重要。前面提到的「情緒目錄法」，就是個非常好的方法。在日常生活中就嘗試認識自己各種情緒下的身體反應，找到合適的肢體動作與表達流程，然後根據各種情境和目的，把這些情緒調動出來，很自然就能做好溝通。

從生活中觀察，我們會發現，一個善於溝通的人，態度是誠懇、自然、不做作，有良好的邏輯，也有人性化的情感表達。關於這點，結合蘇俊誠從眾多治療學派中歸納出來的四個要素來談，也就是「親密、自發、一致、覺察」。

「親密」，指的是這個人的身體語言能夠與人靠近，是開放而沒有太多威脅的；「自發」，也就是說他們的身體語言是由內而外，而不是被外在的教條或習俗規範、因而落入拘謹或俗套；「一致」則代表，內心的意圖、語意、和肢體語言彼此間是一致的；「覺察」，表示這樣的人對於他們的表達有自覺，並且保持適當的反思和彈性。

從整體的角度來說，不刻意地去迎合對方，而是開放而誠實地認識自己，面對自己的創傷及負面情緒，擴充自己「容忍之窗」的空間，保有自己的心理彈性，運用合適的情緒輔助表達，就能避免溝通中的失誤發生，達到溝通的目的。

提高溝通成功率的方法是什麼？蘇俊誠想了想：「對自己誠實吧！如果不能認識並面對自己真正的狀態，自然也無法如實的傳達給對方。」他如此總結，也以此與大家共勉。

蘇俊誠小檔案

· 高考諮商心理師
· 美國國家生涯發展協會會員、研究發表
· 北美及臺灣阿德勒學會認證生涯教練
· 臺北看守所、利伯他茲治療性社區合作心理師
· 臺灣師範大學心理輔導系、國立臺北教育大學心理諮商碩士班

陳政智

11 溝通從觀察做起

| 陳政智溝通金鑰 |

ＳＥＴ（See Everyone's Talents）看見每個人的天賦才能。
做事順天賦、做人逆個性。建立團隊用互動比對、團隊合作
用領導格局。

　　人生在不同的階段，都扮演著不同的角色，每一次的扮演，都是
一種學習，學習在不同角色中轉換，學習與不同的個人或群體溝通。

　　陳政智來自於台中一個傳統家庭，是祖父眼中有禮貌的長孫，是
母親眼中誠實到近乎固執的兒子，是學校的數學小老師，是專注的讀
書小組成員，也是一個懂得把握機會的業務人員……；在人生的每個
階段，他努力扮演好每個角色。

　　跟其他小孩不一樣的是，他從小就立志當業務員，這是因為陳政
智家中從商，從小就看著業務員在家裡進出，跟父親討價還價、向父
親介紹產品、跟父親聊天喝茶……，他覺得這工作真奇妙，「怎麼這

些業務員什麼都懂，什麼人都可以講上幾句，而且還可以在別人上班、上課的時候，到處跑來跑去，真的太自由了！」

長大以後，陳政智曾在一家電器賣場打工。有一天，一個客人找不到想買的東西，陳政智熱心地帶他到產品展示區，而且認真地為他介紹產品；沒想到，這位客人是保險經紀公司的經理，他非常欣賞陳政智的熱忱與開朗，便力邀他到自己的團隊擔任業務。陳政智一想，「機會來了！」決心加入保險業務員的行列。

剛開始他母親非常反對業務這個工作，母親覺得，作保險就是要先拉自己人去保險，而家裡已經有親戚做保險業務了，她覺得陳政智毫無機會，選擇了不適合的工作。

🔑 在業務工作中體會視人、觀察的重要性

但陳政智沒有退縮，他選擇從「陌生開發」開始，也就是開發自己不認識、跟自己沒關係的客戶，這是個非常艱難的過程。幸而在主管的帶領及教導下，他學會怎麼跟不同類型的人相處，學會怎麼跟不同類型的人溝通，學會如何讓別人理解自己，也學會理解別人。

「我不只要說服客戶，當遇到不錯的人，我還要說服他們一起來賣保險。」陳政智回憶道。有一次，他跟經理在台中一家泡沫紅茶店聊天，有位女服務生過來，很熱情地招呼他們，推薦茶品，也很能跟

店裡其他客人聊上幾句。

那時，陳政智的經理對他說，「這個女孩子不錯，你想辦法去要到她的資料，她應該可以成為不錯的業務，你可以這樣跟她說……。」結果證明經理的眼光是對的，後來這個女孩子加入了他們的團隊，做得相當成功。

這時，他突然理解到「識人」的重要性，如何在短短時間的觀察中，就能判斷出對方的個性與特質，並且決定溝通的方式及內容，這將是個人成功的關鍵。於是陳政智開始參加一些人格特質分析的課程，並且開始學習相關的知識。

離開保險界後，陳政智進入了餐飲食品行業，成為北區營運負責人，客戶包括幾家大型國際連鎖餐飲公司。憑藉高 EQ 的情緒管理，以及不費吹灰之力就能讓別人認識他、喜歡他、跟任何人都可以聊得來的溝通技巧，讓他在工作上得心應手，也因而得到分享自己經驗及所學的機會，成為一位講師。

由於長久以來的業務經驗，陳政智總是鼓勵學員們能放下身段，接受自己的缺點並力求改正，面對失敗時以正面的態度積極接受，不比較不計較，從觀察中學會溝通，加強與別人合作的能力；他的課程果然非常受到歡迎。

🔑 第一印象的建立

作為一個業務員，溝通從見面時的第一眼，就已經開始。在柏克萊大學心理學教授亞伯特・麥拉賓（Albert Mebrabian）所提出的「73855」法則、也稱為「3V法則」中，特別強調「非語言訊息」的重要性。

「3V法則」指出，從說話者影響聽眾的要素中，Verbal（語言訊息：內容、辭意）佔7%，Vocal（聽覺訊息：音量、音調、語速、音質）佔38%，Visual（視覺訊息：外表、表情、儀態、眼神）卻佔了55%之多。

每個人都知道「第一印象」很重要，那麼如何建立良好的第一印象呢？陳政智建議我們要從「身」的溝通做起，讓對方第一眼看到你時，就覺得你是對的人。就像小時候，陳政智的祖父就教他當一個有禮貌的孩子，看到客人來要禮貌地招呼，因為善意的表情及姿態，正是縮減彼此距離的最好方式。

除了善意，也要表現出誠意與自信的身體語言；適度的笑容是必備的，要是讓人感覺真誠的微笑，而不是假笑，這可以透過練習來完成。很簡單，對著鏡子練習一下，只要看到眼角的笑紋出現，就會被認定為是輸入真誠的笑。

穿著也是給人良好印象的重要因素，例如要跟餐飲業的大廚們介紹新的食品機器，在一群雪白的廚師服中，你卻穿著黑色的西裝操作機器，這會使你顯得格格不入。例如你要在正式會議中報告事項，處身一群穿著正式服裝的主管間，你卻穿著牛仔褲、Polo 衫上台，這也會讓人覺得很突兀。陳政智開玩笑地說，「又不是每個人都是蘋果的賈柏斯（Steve Jobs）」，他特別提醒，一定要看場合穿衣服。

姿勢也很重要，保持挺胸，不要總是低著頭，更不要彎腰駝背，這會帶給人「唯唯諾諾、言不由衷」的印象；但是也不能把頭抬得太高，那會給人「高傲、遙不可及、不容易親近」的感覺。

在彼此對話的過程中，要保持持續關注的姿態，不要一心多用，邊聽話邊看手機，或者看手錶，這是溝通的大忌，這個身體語言表示「不專心、不尊重」；如果是雙方都坐下談話時，可以將身體稍微向前傾，適度的點頭，做一些眼神的接觸，這會讓對方感覺到，你正專心的傾聽，並且表現了善意與尊重。

🔑 溝通中不該有的負面行為

在溝通的過程中，難免有起伏波折，有時不被認同，有時受到誤解。在這些時刻，不應該陷入負面情緒而做出即時的負面反應，這對溝通完全沒有幫助。這時的你，要避免做出以下的負面反應：

．**不要心不在焉地聽對方說話**：也許那個當下你有些失去耐心，雖然你儘量不說出來，但是你的身體會說話，你的眼神開始飄到窗外，你開始抖腳、看手機，然後東摸摸、西摸摸⋯⋯。

．**不要因為不認同而做出過激的反應**：當你對對方的論點有所反對，你可能會產生一些抗拒，你的雙手環抱在胸腹之間，單邊的嘴角上揚，雙肩向後，你講話的聲音開始高起來，語速變快，語氣開始夾帶嘲諷⋯⋯。

．**過度及過多的身體動作**：因為希望強調自己的觀點，握起了拳頭大幅度地揮動；因為無奈與不安，你不自覺間聳動自己的肩膀；講話的時候雙手放在口袋裡⋯⋯。

SET 職能優勢分析 看見每個人的天賦才能

SET 是一套職能優勢分析系統（See Everyone's Talents，看見每個人的天賦才能），我們可以用動物來比喻職場中的我，也就是別人眼中的你，會是什麼樣子、什麼性格的人，用這個分析結果，就能知道如何跟對方做到互補，做到良好的互動，完成良好的溝通。

接下來我們來了解一下各種動物會代表什麼類型的人。

．**老虎所代表**——權威的支配性、有自信的、積極的、勇敢的、有決

斷力的、胸懷大志的、競爭性強的、喜歡評估的。

· **孔雀所代表**──真心誠意、誠懇、好客的、樂觀的、喜歡交朋友、風度好的、口才流暢的、和善熱心的。

· **無尾熊所代表**──合作溫和的、親切的、有節奏性的、持續性、穩定的、敦厚的、避免衝突的、非批判性的。

· **貓頭鷹所代表**──精準的、有規律的、注意細節、有紀律的、行事條理分明、有系統的、有責任的、傳統的。

· **變色龍所代表**──配合度高、演什麼像什麼、很容易適應環境、性情中庸、立場中立、沒有預設立場、善於調整自己的角色；此外，沒有敵人是他們的最高指導原則。

為何我們要做職能優勢分析？

而後，我們必須知道，藉由這套 SET 職能優勢分析，我們可以藉此達到以下目的。

◆ 提升企業經營績效及降低生產成本

藉由職能優勢分析指標工具，了解員工特長、思維傾向、主要基本特性，以提高有效生產力及人盡其才的效益，進而使企業目標更具體、更明確、更落實。

◆ 健全組織文化，提高內部溝通效率

藉由職能優勢分析，可立刻了解同仁間摩擦的真正原因，具體快速有效地解決問題，藉由科學資訊事實，了解部屬特性，減少意識形態之爭，改善溝通品質。

◆ 建立團體共識，避免部門本位主義

藉由職能優勢分析，各部門主管能了解每個部門的人才優勢及特色，了解其行為模式及個性表現方式，進而能主動接受每位同仁優缺點，提高成熟的專業態度，建立共識，改善工作氣氛，降低人員流動率。

◆ 聘僱適合企業文化的人才

職能優勢分析先提升企業內部共識，使內部文化的價值能具體顯現，更清楚知道自己的企業需要什麼人才。在聘僱不同特質的人才時，能與企業目標緊密結合，以達企業永續經營的目的。

🔑 以實際案例解說互動比對與領導格局

經過優勢比對後，在領導格局的互動上，我們用案例來說明，讓大家更了解，怎麼去運用彼此的優勢，去做好彼此的溝通。

❶ 職場案例：老闆２５８５與員工６４４６

互動比對：老闆正數無尾熊與員工變數老虎的互動比對結果，老闆優勢在於做計畫與企畫，員工優勢在於執行力，互動比對後屬於「天作之合」型，絕對加分。

老闆與員工都能懂得彼此優勢，工作起來很有績效，老闆的計畫與想法可放心交給這位員工處理，員工懂得與老闆互動溝通，在領導格局及團隊合作上絕對加分。員工懂得跟老闆互動溝通、老闆會善用這位員工，保證工作上絕對有績效，也適合培養為公司未來主管。

2	5	8	5	（老闆）	正數無尾熊
6	4	4	6	（員工）	變數老虎
-4			+4		

❷ 團隊案例：主管３７６４與部屬４３７６

互動比對：主管變數孔雀與部屬變數無尾熊互動比對結果，主管優勢在於溝通表達、有影響力，部屬優勢在於提供證據、數據、依據，互動比對後屬於「天作之合」型，加分。

重點在於主管要行銷資料，部屬能迅速完整的提供，保證主管愛死這位部屬！但這類型的部屬較不善於互動溝通，若能學習如何跟主管溝通的技巧，將成為很好的幕僚，而主管在領導格局上的配合，絕對為團隊的合作加分。

3	7	9	4	（主管）	變數隱形孔雀
4	3	7	6	（部屬）	變數無尾熊
	+4		-2		

❸ 生活案例：老公２５８５與老婆３５６６

互動比對：老公正數無尾熊與老婆變數貓頭鷹互動比對結果，老公優點在於溫和、穩定，老婆優點在於有規律、注意細節。互動比對後，老公跟老婆能夠很好的互動溝通喔～～

老公對老婆是有絕對領導的格局，能將心中想法完整地跟老婆溝通；老婆會很有安全感，老公會很尊重老婆，溝通上沒有任何問題，可算得上是恩愛夫妻。

2	5	8	5	（老闆）	正數無尾熊
3	5	6	6	（員工）	變數貓頭鷹
		+2			

❹ 職場案例：業務３７６４與客戶６６５３

互動比對：業務變數隱性孔雀與客戶變數真孔雀互動比對，結果隱性孔雀遇上真孔雀，溝通主導權絕對在真孔雀手上，所以給業務建議，就是讚美、讚美、再讚美，可能讓客戶對你有好感後，還有機會讓業務有生意可以做喔。

業務對客戶的領導格局處於劣勢，還是建議讓客戶多說一點，將話題引導到業務這次拜訪的目的範圍，客戶聊得開心了，就會有業務機會。

3	7	6	4	（主管）	變數隱形孔雀
6	6	5	3	（部屬）	正數真孔雀
-3					

❺ 團隊案例：老闆３４６７與主管４５５６

互動比對：老闆變數貓頭鷹與主管貓頭鷹＋變色龍互動比對結果，屬於「共識溝通」型。在團隊上要遇到共識溝通型的機會不多，只能用五個字形容：「可遇不可求」。因此，當老闆與主管達成共識後，可以說這個團隊要什麼、就能有什麼！

3	7	6	4	（主管）	變數隱形孔雀
6	6	5	3	（部屬）	正數真孔雀
-3					

🔑 YOU 就是人才！

SET 職能優勢分析，就像 X 光一樣，可以看出彼此的性格及優勢，了解了彼此的類型，就能夠找到適當的方式來做互動式的溝通。在溝

通清楚的狀況下，自然就能把事情做好，如同奇異（GE）前總裁威爾許（Welch）說的：「人對了，什麼事都對了！」，而紅頂商人胡雪巖也說過：「先懂人，再聚富！」，都是同樣的道理。

我們可以經過三個步驟來達成以上的目標：一，與對方互補（截長補短）；二，彼此間的配合（做到良好的溝通）；三，群體的協調（經過協調，達成共識）。

而透過SET職能優勢分析，我們就能知道，針對不同的個性特質，我們要做好那一類型的溝通，例如互補型、配合型、或是協調型。

主管階層更可以利用分析比對的結果，做好人事管理的選、育、留、用，也就是選對人才、放對地方、留下人才、訓練、並適當地運用人才。而在團隊的溝通中，則可以運用互動比對的技巧，運用領導格局的優勢，協助團隊的合作。

* 協助企業／個人做到、做好知人善任／知能善用的工作協調及良好溝通。
* 提升／開發員工／個人在職場／職能上可適性的溝通技能。
* 建立職場上、家庭中更有效的互動溝通模式。
* 增進／提升企業／個人與客戶之間良好的互動溝通模式。
* 發揮個人於職場上的職能優勢，做好溝通。

把對的人放在對的位子，那個人就會成為一個人才，用溝通做到「視人」，並學會與人互動，運用對的溝通方式，那麼，每個人在職場、生活、家庭中，都能成為跟任何人都聊得來的溝通達人。

陳政智小檔案

- ‧勵活課程設計中心 特約講師
- ‧1766 網路廣播「潞 Talk 社」主持人
- ‧領袖商學院 SET 職能優勢分析研究院 講師
- ‧企業培訓實訓指導師國家職業資格認證
   （OSTA CETTIC CERTIFICATE）
- ‧乙級健康管理師證書
- ‧人力資源規劃師

12 閱讀一閃即逝的微語言，
溝通更有效率！

| 黃姍儀溝通金鑰 |

真正的同理很難落實，但藉由微小表情動作的觀察與分析，

能做到知己知彼的策略應用。

　　曾經以珠心算選手的資歷教導過補習班，曾在國中小教導過特教生，曾經參與過兩岸及跨國公司的人員訓練課程設計，現在則是自行創業，擔任上海一家企業諮詢顧問公司的負責人，當年畢業於教育科技及心理學系的黃姍儀，她是如何做好溝通的？

　　黃姍儀畢業自淡江大學教育科技學系，一般來說，這個科系在教育學的體系裡面，通常被定位在研究所的位階，而淡江是當年唯一在大學部設立這個科系的學校。「課程中有一半是關於教育及教育心理的學理知識，包括教導者與受教者的心理狀態；另一半則是實做，例如教材教案設計，並以數位化的方式表達，包括播音錄影的後製工

作。」黃姍儀回憶起這段學生生活，她的感想是既忙碌又扎實，但是很值得。

畢業後，她以教育工作者自居，一直從事與教育相關的工作，不只擔任講台上的老師，也處理著學校、學生、家長之間，前前後後、裡裡外外、大大小小的事務。

由於曾經是珠心算的選手，所以黃姍儀先有了補教人生的經歷，從一開始南陽街的高中升學補習班，再到教導學生珠心算的技巧；而後到了學校的特教班，展開將近 6 年的授課生涯，教學年齡層包括國小及國高中。

教導特教生的經歷，帶給她許多特殊的歷練。由於特教生的情緒表達非常直接，有些過動，有些自閉，所以要運用不同的方法，貼近他們的心靈，才能得到互動，達到教育的目的。

此外，學生的背後有父母，老師的背後有學校；在「教學」上，由於教育的對象是有著可能連溝通都有障礙的孩子，往往在面對同一個事件時，父母與校方的認知會截然不同，而她除了是當事者的老師，還需要剝離自己的情緒，在家長及學校間扮演好第三者的角色，才能做好所有不同層面的溝通，把問題解決。

🔑 30 歲從教育工作轉型課程設計

30 歲那年,是黃姍儀人生中一個很重大的轉捩點。小她一歲的堂弟突然車禍過世,這對她的打擊很大。傷心之餘,她體驗到人生的無常與無奈,並開始反思人生,希望能突破以往傳統及保守的自己,讓自己的生命無所遺憾。

於是她決定重返校園,更加精進自己;由於在教育工作的歷練中,始終保持著對於人類的好奇與興趣,她還是選擇了教育心理與諮商研究所。還沒畢業,班上的一位同學就被即將擔任美國上市教育集團的 COO 挖角,因緣際會地,她也同時被找去上海,從事企業訓練課程的設計規劃工作。

有些人是這樣形容上海的,「那是一個魔都」,生活步調極快,人性的複雜度高,功利心也強。生存在此,除了要擁有過人的能力、堅強的的自信,還要能做好察言觀色的功夫,在最短的時間內找到溝通的關鍵者,並且找到最正確的方式去跟對方溝通,才能在那個競爭異常激烈的環境存活下來。

黃姍儀完成階段性目標後,總算沒有陣亡,她現在在上海擁有一家企業諮詢顧問公司,客戶包括學校、社團、及各大企業。歸結原因,或許是在她持續不斷的教學生涯中,教導的對象從珠心算的補習班及

幼稚園、到國中的特教班、到企業內訓的成人們，她透過不斷地學習、消化、重新組織，然後將不同的知識設計成更容易吸收、消化的形式，最後將精髓傳遞給大家，這是她得以成功的關鍵。

矢志成為講師的推手

對黃姍儀來說，除了知識的專業，教學本身就是一個專業，一種專業的溝通。透過教學設計、教案撰寫、從學習者的角度分析，有系統地將知識資訊化，透過講授、影像、文字、情境模擬等溝通方式，讓學員能夠有效的吸收學習，並轉換成自己的可用知識。

因為曾經任職過特殊教育的經驗，黃姍儀對於人的接納度和包容度是相對的開闊；同時也藉由心理學的薰陶，她對人性的理解相對的深刻；而在上海的工作歷練，也讓她能更精確的觀察出人的個性，並且用最有效率的方式去溝通。

與其說她是講師，倒不如說她是「講師的推手」。因為在黃姍儀的企業諮詢顧問事業中，有很大一部份是協助大型企業培養自己的內部講師。「大家常以為『外來的和尚會念經』，其實有時自己家的『和尚』，修為更高，只是他們不知道怎麼『念經』。」黃姍儀如是說，因此她的工作，就是教導未來的講師們將主題梳理、將課程結構化、

將傳達效率化，這正是她最擅長的部份，可以說她是「講師的講師」。

⚷ 當固著的行為發生變化

對於溝通，黃姍儀從心理學的角度出發來談。語言其實分為語言（口語）和非語言（包含肢體動作、面部表情、身體的不自覺反應等）。我們平時常聽到一些形容詞，像是「心口不一」、「笑裡藏刀」、「皮笑肉不笑」、「你的眼睛背叛了你的心」⋯⋯等等，這都提醒著我們，其實人嘴裡說出來的話，往往都不是果真如心裡所想、或者當下所感受到的。因此，我們必須綜合表情、身體、及肢體語言等訊息，才能真正讀懂一個人。

有沒有見過身邊一些主管或長輩，看起來經驗老到、氣勢如虹，但卻有一些微小的動作出現，讓你下意識地懷疑起對方的可靠程度？又或是外表親切的鄰居明明掬起可愛的笑容，但卻讓你的身體不禁泛起一陣雞皮疙瘩？為什麼會如此呢？

心理學上有種說法，人們在成熟以後，所表現出來的日常行為有其「固著性」，也就是我們一般所謂的慣性行為、習慣動作、以及口頭禪。但若平時固定的行為突然出現落差，那可能代表對方有著語言表達背後、不為人知的動機。而讀懂這個動機，或許就是溝通成功的

關鍵。

「人性沒有絕對的善與惡，人是一種需求的動物，溝通只是達成需求的一種手段。」黃姍儀指出，我們不需要立即並直覺的判定對方的善與惡，只要能理解了對方在想什麼、想要什麼、及想避免什麼，自然就能找到溝通的合宜調性。

以最通俗的例子來說，平常小氣的老公突然送妳一朵玫瑰花，絕大部份的狀況下，不是因為他出軌了，而是他可能自己想要買什麼東西，因此需要妳給他一點信心、一點鼓勵，甚至幫他出點錢……，或者是他中了樂透、有大喜事發生，所以想跟妳分享一下。

平時，透過觀察對方的「微語言」，例如動作大小、語調快慢、態度的陰陽，我們就能做出簡單的判斷，來分辨一個人的狀態是否真誠一致，「說不說謊其實沒那麼重要，重要的是為什麼要說這個謊。」她說。黃姍儀舉出著名影集「Lie to Me」的例子，則以另一個角度看待虛假的身體語言，以及其後的溝通動機。

場景是在教室裡面，上課時，班上同學開始打起瞌睡，老師突然提高分貝大吼起幾個同學的名字，大家的注意力瞬間被喚起；但其實同學們心裡都明白，老師並不是真的在生氣，只是藉此要大家注意上課內容，不要再睡了。

如果，這時候老師再加上奮力一擊、大力拍打桌子，恐怕學生們不立刻清醒也難。像是這種運用身體語言表達「假裝的生氣」，其實背後另有其他的溝通動機，是出於善意。如果是真的發火，這兩個動作會同時進行。

🔑 表情也是一種微語言

而人的臉部表情，則可能表現出一些特別的變化，這個動作可以表現出一個人真實的內心想法及對事物認知的狀態，這些表情的變化通常極為迅速及短暫，即使經過訓練也很難改變，我們稱之為「微表情」。

在正常的情形下，表情一般會持續 1/2 秒到 5 秒，例如驚訝時張開了嘴巴，聽到笑話時嘴角翹起；但微表情所持續的時間通常較短，可能只出現 1/5 秒、甚至 1/25 秒。而微表情的出現是一個極為重要的線索，那反映了對方沒說出來的真實，或是在試圖掩飾、刻意隱瞞某種心理活動，例如厭憎、認同等等不同的內心想法。

黃姍儀提出一個知名的例子，說明為什麼美國心理學家保羅·艾克曼（Paul Ekman）提出「微表情心理學」這個概念。當時一位名叫瑪麗的重度憂鬱症患者告訴主治醫生，想要回家看看自己的劍蘭和花

貓。提出請求的時候，她的外表顯得神情愉悅而放鬆，不時地瞇起眼睛微笑，甚至擺出一副撒嬌的模樣。

但令人震驚的是，瑪麗在回家之後，卻嘗試了三種自殺的方法，結果都沒有成功。事後，艾克曼博士將當時記錄下來的影片反覆播放，用慢鏡頭仔細檢視，突然在兩個圖像之間看到了一個稍縱即逝的表情，那是一個生動又強烈的極度痛苦的表情，只持續了不到 1/15 秒。

其實所有的現象都有跡可循，隱藏於微小的細節之中。例如瞇起眼睛，其實是警戒的意思，因為人們在擔心、害怕、討厭時，會藉由視覺的縮小（瞳孔縮小）來迴避；興奮、開心、喜歡時，人們會不由自主的睜開眼睛（瞳孔放大）來多獲取這些刺激。以下我們舉更多的一些例子來說明：

◆ 下巴抬起，眼睛有點瞇，嘴角往下拉，有時還嘆口氣，這樣的表情代表傷心。

◆ 突然從鼻子呼出大氣還有聲音，眉毛下垂，上嘴唇有點揚起，這樣的表情代表厭惡。如果同時出現皺眉，眼睛微微瞇起，上嘴唇稍微上揚，這樣的表情組合也是代表厭惡。

◆ 單側的嘴角揚起、有點譏笑的樣子，這樣的表情代表輕蔑。

◆ 類似驚訝、生氣、或害怕的表情，如果超過 1 秒鐘，通常是假裝的。

◆ 講述或是回應一些事情時，對方眼球呈現往右下角停留，是在進行回憶與內在的自我對話，往右邊傾向的眼球通常所講述的都是實話；眼球呈現往左邊停留，進行的是想像與建構，因為說謊不需要回憶。左手慣用手的人則相反。

◆ 說話時眼睛經常往上瞟，表示心中有所遲疑，或是在想像可能發生的情景。

◆ 面對面討論時，偏一點頭，帶著微笑，並且有眼光的注視，這代表自在與友善。

　　從艾克曼博士的研究結果中顯示，在不同的情緒下，人類的臉部表情有其共同性，並且可以做出分類，於是他開發了一套「面部動作編碼系統」（Facial Action Coding System,FACS），透過臉部表情的分析，可達到了解對方心理的目的。

　　經由觀察，了解了對方內心真實的狀態，就能針對對方的情緒，找到正確的溝通方式，也能避免溝通的失誤。這必須經過訓練，因為人類臉部表情的突然變化，包括眼神，都只是在極短的時間中出現；要能抓到這些變化，就必須從細緻的觀察開始。

🔑 閱讀身體的微語言

　　除了臉部表情，身體有一些不自覺的動作，也會反映出溝通對象當下的心境。我們舉出一些例子來說明：

- **缺乏安全感**——咬指甲。
- **焦慮**——手指一直摩擦掌心。
- **自我防衛**——雙手環抱於胸前，或者手插口袋。
- **思考中或自信不足**——手扶眼鏡，玩弄項鍊的墜子或衣領，輕敲眉角。
- **不耐煩**——經常出現手搗鼻子的動作，用手指輕敲桌面且不注視著對方，用手撐著臉。
- **緊張、焦慮**——搓手，甚至十指緊扣。
- **不自信**——說話時，單邊肩膀聳動，或者駝背。
- **不安**——手指豎指，並且手臂貼著腿部，揉脖子或耳朵，咬嘴唇。
- **可能在說謊**——過度頻繁、及過長時間的眼神注視，因為想觀察對方是否接受了自己的謊言。
- **不好意思或羞愧**——把手放在眉頭或額頭上，眼睛下垂。

　　其實微表情的控制可以透過訓練來達成，在對岸，除了有微表情的特訓班，在學校裡面也有所謂禮儀課程，教導學生學會調適心情，以及避免一些反映出負面情緒的微表情，這在工作面試時很有幫助。

彼此的負面情緒會造成溝通中的障礙，面對對方的負面情緒時，要能維持情緒上的穩定與心態上的正面，並引導對方脫離這個情境，可以暫時離開溝通的主題，先聊一些其他的事情，也可以給予對方一些鼓勵與肯定，讓對方能夠輕鬆並開始產生信心。畢竟，真誠的態度是達成溝通的最好方法。

而要擺脫自己溝通前的負面情緒，例如緊張、缺乏自信、害怕，可以稍微冥想一下，讓情緒安定下來，然後默默在心中對自己說，「加油，你可以的！」聽聽輕鬆的音樂，也是很有效的方式。

如果在溝通中，自己已產生負面的情緒了，請千萬記住，請儘量避免出現我們剛剛討論到的身體微語言。這時不妨喝口水，做幾次輕而緩慢、不容易被察覺的深呼吸，就能夠達到情緒的緩解。

🗝 同步性的溝通

當我們經過觀察、了解了自己及對方的心態及情緒狀態，就可以開始利用一些同步性的動作，來做同步性的溝通；黃姍儀在她教育及心理諮詢的工作經歷中，發現這是風險最低、也是成功率最高的溝通方式。

同步的方法是，藉由和對方的同步、同理而獲得接納。在接觸的

過程中，試著觀察對方的動作行為，緩緩地跟進，例如：對方雙手環抱於胸前，這時候代表可能存有戒心，所以將雙臂形成天然的屏障阻隔起一個距離，表示防衛。這時你可以做出與對方一樣的動作，然後藉由行為的同步，讓對方像是看到自己一般的熟悉，然後慢慢卸下心防，直到對方外在呈現自然輕鬆，再開始進行有效率的溝通。

言語上的同步也很重要，今天遇到一位嚴肅，聲音高亢又語調快速的主管，你講話就不能慢慢吞吞，語氣要肯定，要講重點，並且儘量在語調上做到與對方同步；如果遇到一個重思考、講話慢、偶爾會停頓的對象，你講話就不能太快，音調不要太高，避免壓迫感，要給對方思考的時間及空間。

可利用一些動作，達成與對方的同步，例如對方拿起杯子喝了口咖啡，你也可以拿起瓶子喝口礦泉水；當對方把椅子挪後時，表示你離他太近了，有壓力了，這時也該同步的把自己的椅子稍微往後移動。反過來說，當對方身體前傾，或將椅子向你移動時，表示對方對你的言論有興趣，這時你就應該做出對等的回應，縮短彼此的距離。

同步的技巧不在完全的、像是鏡像的模仿，而是在對方沒有察覺的狀況下，達到與對方同步的狀態。

🔑 真實的心態，是溝通的關鍵

進一步地，我們可以藉由察覺自己的狀態，了解自己呈現出的、與情緒一致的動作行為，並且經過一些方法來維持或改變。

例如，人在感到安全有自信的時候，身體會呈現「大」字型，或是走路抬頭挺胸、說話鏗鏘有力、眼神堅定。因此在自己感覺緊張或缺少信心的時刻，可以刻意的伸展肢體、大口吸氣吐氣、坐落到陽光充足的位置來穩定情緒，藉由肢體的舒展、環境的光亮，達到自我穩定的效果。

要做好溝通，記得先搞定自己，讓自己成為真誠一致的人。沒有人是完美的，但可以真實！真實地知道自己及對方的心態及情緒，坦然地面對，用同步的方法做出引導，就能達到溝通的目的。

更重要的是，不需要刻意地隱藏自己的想法，坦蕩蕩地面對自己，自然就能減少負面的微語言，幫助你在溝通的過程中大大加分。

黃姍儀小檔案

- ·上海啟軒企業管理諮詢 執行董事 & 課程總監
- ·美國上市教育集團 上海分公司副總經理
- ·奇想活動（Think Big）企管顧問公司 課程總監
- ·中華青年職涯跨界創新協會 理事

chapter 4

舞之章

13 用哲學的思維看溝通

| 呂正閔溝通金鑰 |

商場上的溝通，先學會聆聽，了解對方的需求，並用最真誠
的態度相待。

你贏得的就不會只是一樁生意，而是一種被長期信任的夥伴
關係。

出身自花蓮單純樸實家庭的呂正閔，年少時光害羞內向，大學時
就讀的是一般人視為冷門的哲學系，卻在一次意外的路過中被選為輔
大花蓮校友會的會長，大四的時候還當選大學系學會的會長，如今更
是一家整合行銷顧問公司的老闆。呂正閔的人生，從不善溝通的內向
少年，逐步蛻變為一位精擅溝通之道的行銷大師。

呂正閔回憶起自己成長的過程，因為家裡從小讓他學習畫畫，習
慣安靜一個人作畫的他，小時候極為靦腆，是看到陌生人就會選擇安
靜的那種小孩，還曾經被同學取個稱號，說他像漫畫《哆啦A夢》裡
面的「大雄」，這綽號甚至到今日還跟隨著他。

🔑 羞澀男孩 在大學嶄露頭角

後來呂正閎到台北讀大學，原本他的興趣是美術，卻因緣際會地讀了輔仁大學的哲學系；大二那年，在學校巧遇高中同學，莫名奇妙地被人拉去當校友會的會長，他說，記得第一次上台講話，他的雙腿都在狂抖不止。

慢慢地，經過一段時日的訓練與適應，呂正閎有了轉變。他開始學習如何跟陌生人說話，如何帶領團隊；在辦活動的過程中，他學習了如何協助團隊裡的成員，做好彼此的溝通跟協調。

大四時，當大家都在準備著就業或考研究所時，因為系上助教鼓勵的關係，希望能藉由他大二時擔任校友會會長的經驗，協助重振系學會的組織，他又選上了系學會的會長。原本同學們擔心他的個性還是太溫和會承受不了壓力，但呂正閎給了自己一道功課，他這樣回應他的同學們：「如果我個性是遇到困難會想躲起來，那我就應該要訓練自己沒有躲起來的權力。」因此他再度把自己丟上台，大學四年，逐漸從一個原本遇到問題會退縮、個性溫吞的人，變成一個敢於面對自己、敢於面對群眾、並且說服群眾的領導者。

他最難忘的，是當時他主辦的耶誕晚會。輔大的聖誕活動是很熱門的，許多外校的學生會想去看看這個充滿俊男美女的學校是什麼樣

子，但是想進入校園要有入場券。於是呂正閔突然想到，既然校內資源有限，那為何不在校外舉辦自己系上的聖誕晚會？

當然這點子遭受系上許多同學及學弟妹的質疑，畢竟在校外租場地等都是要費用的，但呂正閔提出方案，一一解除各種疑慮，並且預先把可能發生的狀況模擬好，順利辦了一場極為成功的活動。在他大四畢業後，他領導的系學會被學校評鑒為特優。

哲學訓練其發掘事物的本質及多元思考

當兵的時候，呂正閔在馬祖北竿服役。由於部隊沒有心理系畢業的同僚，他被選去當軍中專職心理輔導的「趙老師」，每個禮拜，他都要對新入伍的阿兵哥上一堂三小時的課程。平常，他也得留意，有哪些有暴力、或逃兵風險的士兵需要特別開導。

在此他學習到怎麼設計、讓課程有趣又有用，讓新兵能很快地認識馬祖、及面對未來的軍旅生活；他學習怎麼面對一些 40 歲了卻總是在逃兵的回役兵，以及一些有犯罪前科的年輕人，學習如何用他們能接受的方式講話，並且講對方聽得懂的話。

哲學系的訓練，帶給呂正閔很大的幫助，因為哲學的目的在於發掘出事物的真實，以理性的態度，從不同的面向看待同一件事物，並以有條理的思維做出批判。

因此，「我不會因為桌上的檔案告訴我有個新兵殺過人，就因此而害怕這個人。」「不急著用自己過往的經驗去斷定是非好壞，因為每個人都有特別的經歷；用一種欣賞的角度去對待每個人的個性，你要先進入他們的心，才能取得信任，才有機會協助他們」不僅這麼想，呂正閎自許，「我不能幫到他們後來的人生，但至少，我可以幫助他們平安退伍。」呂正閎真地做到了，而且做得相當好。

出社會後，呂正閎服務過活動、企管顧問、媒體、製作公司，他曾協助前公司轉型整合行銷，讓公司有更多的競爭力；也因為轉型的原因，他們熬過了全部活動都被緊鎖限制時的 SARS 風暴；最後在 40 歲那年，他選擇離開服務 13 年的公司，自己出來創業，並在短短六年內用他的經驗帶領新的團隊承接到更多元化的大型專案，亮眼的業績表現，也讓他成為業界稱奇的行銷專家與企業經營者，甚至獲選為 2020 年百大經理人 MVP。

🔑 溝通之舞（一） 走上溝通的舞台前，先跟自己溝通好

創業後的呂正閎是怎麼讓行銷服務更上一層樓？他認為溝通很重要。同一個想法，也許行銷的設計者看到的是一個面，客戶看到的是一個面，消費者看到的又是另外一個面，怎麼讓大家儘量把事情看到全面，怎麼讓大家接受別人所看到的面向？靠的就是思考的多面向與

溝通的技巧。尤其所謂的整合行銷，不是單純地拍一部廣告片，或者做幾個平面廣告那麼單純，一個案子會結合各種廣告、活動、甚至記者會。要把不同專長的人結合起來，完成一個讓客戶滿意、消費者認同的專案，只有靠細膩的溝通。

學哲學的呂正閔認為，溝通的開始，是先跟自己溝通，就像他從一個不敢溝通的人，變成一個懂溝通的人。

每個人都有一些自我不太容易面對的狀況，都會有退縮的心理，或許不是常常，但總會發生。這時候，請先正視自己，看到自己為什麼膽怯了，為什麼擔心了，為什麼緊張了；找到原因、想到解決的方法以後，就勇敢地告訴自己，照著自己的想法去做，便會成功。就像上舞台表演一樣，我們得先給自己上台的勇氣。

接下來要知道對方的想法是什麼，先聆聽，不要急著想要說服對方接受自己的想法，你不知道對方在想什麼，也不在乎對方怎麼想，那怎麼能做好溝通？聆聽時要保持感知上的敏銳度，聽懂對方的想法及訴求，給予尊重，一點一點地提出自己的看法及建議，甚至幫對方看到他自己所沒看到的那一個層面，給對方時間去思考，慢慢讓彼此走在同一個方向、並且在同一個步調上溝通。

當彼此產生了共鳴，才能夠得到彼此的信任及尊重，才能正確及順利地傳達彼此的思維及訊息。或許在溝通的過程中會產生衝突，但

不要因此感到緊張或憤怒，或許我們把這個過程當成是一種腦力激盪，用這個心態來面對，會讓溝通更快地達到共識，這在設計團隊中尤其重要。就像一場完美的演出，要先做好後台的協調及合作。

🔑 溝通之舞（二） 提升舞技，面對觀眾

當把企劃完成，而後就要準備走上溝通的舞台；在行銷工作中，這個舞台就是提案的場合。有些案子是到客戶公司提案，有些是參加政府或大型企業的標案，且這些舞台並不是自己能掌控，而是被限定的。

能不能拿到案子，除了企畫案寫得是否完整，另外就要看在舞台上的表演了。每個人有每個人表演的方式，就像每個人有每個人說話的節奏及特色；但呂正閱覺得自己能拿下許多案子的原因，是因為誠懇跟理性。

講話技巧，可以經過訓練來提升，就如同呂正閱在軍中的經驗，用對方能接受的方式，講對方聽得懂的話，就能讓對方聽進去自己的話。例如到對方的公司提案前，就應該先了解台下聽你報告的主管是什麼個性，如果那個老闆重視效率，不喜歡浪費時間，那你講話就要快一點、有力一點，內容要簡潔有力；如果台下決定案子的主管比較愛思考，那講話速度就不能太快，並且要保持理性及心理強度，隨時

準備好回答對方的問題或質疑。

多看、多聽、多想、多練習，是鍛鍊自己講話技巧的不二法門。坊間有許多書籍，網路上有許多資訊，這些都可以作為參考；也可以去參加一些演講，或者參考別人的發表會，或者去參加正式的輔導課程，例如簡報製作、提案技巧等等。最重要的是要多去思考：別人怎麼做、怎麼說？換做自己，又會怎麼做、怎麼說？而後模擬一些情境，做一些練習。當這些技巧融入心中，很自然地就能在不一樣的場合，講出適合的話語。

🔑 溝通之舞（三） 溝通需要誠懇，並放低身段

雖然溝通都有其目的，例如以行銷產業來說，一個是完成企畫，一個是拿到案子；但是誠懇的態度、真誠的心意，是完成這些溝通的最基本關鍵。呂正閔平時在公司沒什麼老闆架子，大家都是一家人；而面對客戶時，他會很真誠的把客戶當朋友看待。

「因為他是我的朋友，所以我要給他最好的創意與執行的品質，因為我不能讓朋友丟臉。」就是保持著這樣的心態，呂正閔相當受到員工及客戶的肯定及信賴。他提醒大家，做溝通時的心態不要太過功利，畢竟建築在利益上面的關係不會長久，誠懇及平等的對待，才是做好溝通的基本。也因次在創業後，他讓自己更堅持初衷，在服務每

個客戶的過程中，事必躬親的帶領團隊，讓新開發的客戶可以在最短時間內看到他在業界的專業經驗，並且監督著每個環節的品質，讓客戶對他與新的團隊從不認識到認識，從認識到信任，從信任到信賴。

許多人會覺得，所謂的協調溝通，就是讓別人接受自己；不能說這樣的心態是錯誤的，但往往會因為忽略對方的需求，而造成溝通的破局，例如，「這個問題很好解決啊，只要你聽我的，這樣這樣做就對了。」如此單向、壓迫式的溝通，其實就是一廂情願地要對方接受自己的想法，反而為對方帶來壓力。

然而溝通應該是雙向的交流，應該放低身段，先接納對方，讓對方提出他的需求及想法，讓對方覺得被尊重，再讓對方了解我們能提供什麼協助，能做到什麼程度，這樣才能做到真正的溝通。

並且切記，討好的話不一定每次都有效！每個人都喜歡被讚美、被認同、被喜歡，但如果因為特殊的目的，刻意去投其所好，講對方喜歡聽的話，有時候反而讓人覺得你這個人很虛偽，只懂得阿諛奉承。

其實這與心態有關，如果你是誠心地去面對對方，用謙虛及誠懇的態度，希望對方接受自己對他的讚賞及肯定，這樣才能拉近彼此的距離。把內心的感受，用誠懇的態度表現出來，當內在及外在都保持一致了，溝通的境界就達成了。

溝通是要對方相信你說的話，同意你做的事，接受你的想法，如

出版界大老何飛鵬說過的一句話：「講話不需要伶牙俐齒，但做人一定誠懇誠實。」懷抱這樣的態度，才能贏得別人的信賴。

🔑 用理性思維、全方位的視野做好溝通

「行銷」的定義是，「創造、溝通與傳送價值給客戶，及經營顧客關係以便讓組織與其利益關係人受益的功能與程序。」而要做好一個全面性的行銷企畫案非常不容易，要做好讓消費者有所感觸的廣告，包括電視廣告及平面廣告；要做好公關活動，包括新聞的公佈及記者會；要配合客戶預算做出促銷的規畫；甚至要策劃一些公益活動，來增加消費者的認同度。

行銷本身是一種深入的溝通行為，要能做好有深度的溝通，才能吸引到目標的客戶群，以及建立起產品的良好形象。

在許多年前拿下台灣啤酒的年度行銷案，是呂正閔在職場生涯中很自豪的一個案子，他也用這個案子來解說溝通時需要的理性及全面性思維。

首先，當時台灣啤酒的市場佔有率有 80%，為什麼台灣啤酒還要花這麼大的力氣來做這個廣告行銷案？他開始分析，當時的啤酒市場中，海尼根（Heineken）及可樂娜（Corona）啤酒進入台灣，並且受到年輕人及女性的歡迎，而傳統的台灣啤酒，面對世代的交替，除了

鞏固原本的消費族群，更應轉型大舉進攻這些客戶群。

站在消費者的角度，他更進一步思考，要找什麼樣的代言人，做出什麼樣的廣告，辦理什麼樣的活動，才能得到年輕人及女性消費者的認同；同時他也評估，競爭對手們可能會選擇哪些代言人，又可能做出什麼樣的企畫；經過仔細思考，他選擇了張惠妹作為代言人。

台灣啤酒選擇了呂正閔的提案，也證明這個選擇是正確的。從2006年到2008年，張惠妹連續三年一直是金牌啤酒的代言人，透過能觸動年輕人及女性消費者的廣告，以及為台啤所創的每年品牌演唱會，讓金牌啤酒越來越受歡迎，到現在也是一樣。而在2010年，呂正閔再將蔡依林送進台啤成為接續張惠妹後的代言人，完成一個品牌世代逐步傳承的任務。

在開始溝通前，用全面性的視野來看待事物，如同行銷的提案，看到客戶的需求在那裡，看到他們所看到的東西；看到消費者在那裡，看到他們會接受什麼樣的形象及資訊；看到自己能做到什麼，能不能幫客戶、幫消費者，看到他們沒有看到的東西。

然後，開始用理性去思考溝通的方向、溝通的目標。這些方向和目標，必須是可以被衡量，可以做出有幅度的改變，並且實際可行的。溝通進行時，用理性來做引導，有結構性地提出自己論點，並且能提出有力的結論，講話合乎邏輯，言之成理。話說清楚了，溝通自然就好了。

🔑 輸就輸，重點是，你學到了什麼？

當然也不是每一個案子都能成功拿到，呂正閔也曾經失敗過，但他認為，認輸沒什麼了不起，重點是你能從失敗中學到什麼！在提升自己溝通能力時，這個觀念非常重要。

不可能這個世界的所有人都跟你是對盤的！常常聽到有些人說，這個客戶很難搞，那個客戶超級會打槍；但我們要思考，為什麼你搞不定這個客戶？為什麼這個客戶對你不甚滿意？是你說話太慢了，是你花了太多時間在聊天，是你沒有準備好需要的數據跟資料，還是你根本沒搞清楚客戶真正要的是什麼？

溝通跟人生一樣，難免會遇到困難，甚至失敗；但失敗並不可怕，失敗並不可恥，失敗時不要失去信心。這次的提案失敗了，應該去思考為什麼這次輸了，應該怎麼做才會贏回來；學習去批判自己，而不是批評對方。

「我也曾經因為同事的失誤，差點丟掉一個大案子，但是後來我更進一步地跟客戶溝通，知道他們真正想要的是什麼，並且在時間內完成企畫，最後把案子搶回來。」呂正閔鼓勵大家，在溝通的結果不如預期時，更應該要鼓起勇氣，要有自信，不要怕修正自己，避免只是抱怨，而要處理抱怨。

專長行銷的呂正閔，從行銷及哲學的角度來看待溝通。總結他的觀念，第一，溝通之前，要先做好跟自己的溝通，鼓起勇氣，加強自信；第二，了解溝通的對象，鍛鍊溝通的技巧；第三，不要太過功利，用誠懇謙虛的心態去溝通；第四，用理性及全方位的視野來看待，並且做好溝通；最後，不要害怕失敗，而是從失敗經驗中，去學習更深層的東西。

做好準備，在溝通的舞台上，人人都可展現完美的演出！

呂正閔小檔案

- 悅暉行銷顧問有限公司 總經理
- 獲選為 2020 年百大經理人 MVP
- 曾任康寧大學兼任講師
- 常獲邀擔任行銷與創意課程講師
- 廣告行銷界資歷超過 22 年，主持策劃專案超過百件
- 專長於整合行銷創意、媒體公關策略、國內外大型會展策展等

14 溝通的藝術，在於「角色扮演」

| 林夢珊溝通金鑰 |

角色扮演，玩轉生活。

溝通之舞就像打遊戲的玩家，面對不同的人設、主題與情境，自己決定最適配的玩法。

在中華航空服務了 25 年的林夢珊、友人口中的「Moonshine」與「月光姊姊」，是一個美麗與智慧兼具的空姐，曾擔任客艙經理，也兼任企業講師，還修完航太管理碩士。與華航共同走過 SARS 及金融海嘯後，Moonshine 在辦理退休前考取了心理諮商研究所，並取得第二個碩士學位，而後展開她講師的第二人生。

到目前為止，無論是在職場或生活中，Moonshine 的生命經驗似乎都圍繞著以「服務」與「溝通」為主軸的產業與價值觀。在華航服務的生涯中，她處理過太多難以掌控的突發狀況，在面對衝突時，如何在第一時間調整好自己的情緒狀態，做出適當的因應，老師擁有充

分的經驗，更將把這些經驗置入輔導課程中，讓學員們有感同身受的
體驗。

無心插柳 從空服員成為企業講師

Moonshine 說，她能在華航飛滿二十五年，還能將自己的生活經
驗與省思轉化為知識及具體輔導課程，到不同的產業去激盪出新的思
維，她深自珍惜，也充滿感恩。

Moonshine 認為，空服員嚴謹的訓練，講求到位的語言表述與非
語言訊息的傳達，剛好與她原本閒散的性格作了一個平衡，如果沒有
職場的磨練，她也學不到如何同時「專注」與「放鬆」，練就職場「超
能力」。

其實，成為講師原本不是 Moonshine 的生涯選項。2009 年的某一
天，她因記錯報到時間遲到，錯過一個航班，這是大忌，對空服生涯
更是致命傷。為了平反考績，Moonshine 看到一個契機，華航在招考
企業講師，她想只要順利考上，也許能帶動考績加分並升為客艙經理，
就這樣她踏上了講師之路！

因此，除了帶領飛行任務，Moonshine 在公司內也做跨部門的溝
通講座，還能因應其他企業的需求，作跨產業客製化的培訓與分享。

講師作為志業 希望成為不同界面的傳訊者

Moonshine 在華航第一次罷工的五個月前離開了公司，她理解到在組織內溝通與相互信任的重要。因此，林老師在企業訓練的過程中，致力於組織不同單位，不同年資的夥伴，學習共同處理爭議，並透過引導，超越彼此的成見，理解彼此的難處與可用的資源，用溝通來解決問題。也因此「理解」成了她培訓講座的核心價值。

Moonshine 設計的課程充滿個人特色，包括：

* **善用同步性（共時性）打破慣性思維或限制性信念**：以臨場的互動與連結，帶出學員的獨特性與優勢，打下表達的基礎，在短時間內展現個人的亮點。

* **培養人員三種素養力**：協助學員做出角色的融合，綜合出三種自我賦能素養力──「**自我覺察力、情境洞察力、視角切換行動力**」。使學員理解，每個人都具有這三種能力，只需要有意識地啟動，透過快速切換觀點的練習，就能培養個人獨特的素養力。

Moonshine 希望成為不同界面的傳訊者，以三方滿意（買方滿意、賣方滿意、社會滿意）為前提，以教育訓練為平臺，透過角色模擬的連結，引導學員突破自己的盲點，跨出本位主義的設限，為團隊產生力量，也促進個體的身心健康與平衡。

🗝 用高夫曼的劇場理論詮釋溝通

在老師的職場生涯中，涉及到「溝通力」的範圍非常廣，而從「舞」出發，老師從不同角度來詮釋溝通中的「舞」，提出許多獨特的見解。

她指出，美國社會學家高夫曼（Erving Goffman）的「劇場理論」中，將人生類比為一場表演，社會是一個舞台。每個人在不同的角色扮演中切換，學習不同的「前台語言」與「後台語言」，成為進退有據的溝通者。這就是終其一生的「舞」——溝通的藝術。

無論扮演什麼樣的角色，每個人都期待自己的形象能被人接受；另一方面也要自我提醒，我們為自己正在扮演的角色握有詮釋權，其中包含多重角色扮演與切換自如的必要。角色切換越流暢，越能在職場與生活中遊刃有餘。

在高夫曼的理論中，他提出了「前台」與「後台」的概念。「前台」是指人際面對面交往的舞台，整體認真投入角色扮演取勝，每一個人都是主控姿態傳送的表演者。在「後台」則人們比較放鬆，不那麼注意形象，可以有一點隱私，暫且擺脫辛苦的前台工作。

換言之，掌握好前台語言，為的是維護共同的溝通秩序，建構相互尊重的表達平臺；調和好後台語言，適度允許自己真情流露，則可舒緩生活壓力與沉重心理負荷，讓溝通對象與自己都能一致，達到溝通的目的。

🔑 既要進入角色賣力演出，也要跳脫角色視框

服務業終日面對各種服務對象的需求，而在合理的需求與不合理的要求之間，盡其在我，才是王道。

案例——免費升等的迷思：在擔任客艙經理期間，Moonshine 曾遇到一位姿態極高的商務艙乘客。公司事先依其需求，安排了靠走道，旁邊留空位的位子，但這位乘客還是認為這個座位不夠好，堅持換位。然而當天商務客艙非常滿（僅剩三個旁有空位的座位），Moonshine 依然盡力為他解決問題。

當 Moonshine 傾身蹲在此乘客面前確認並詢問座位需求是否需要補充時，乘客的回應是，「你很不專業，缺乏同理心」。

終於徵得另一位旁邊也是空位的乘客同意換座，這位案例主角仍有意見，指責 Moonshine「沒有解決我需求的誠意」，並說「妳口袋裡還有東西不肯拿出來」、「搞不清楚狀況，不知道我名下有幾間公司。」這一僵持，她又蹲了 15 分鐘。

Moonshine 再度請乘客諒解，同時表示，「旅途中若您願意換位，我隨時可幫您調整」並平靜地站起身。這位乘客不耐地表示，「都是成年人，妳聽不懂就沒什麼好說的。」

當時商務艙另一位乘客目睹一切，深感組員被過度為難，為表示

支持組員的作法，他主動留下聯絡方式，並且在抵達目的地後，立即告知當地經理，並在組員回程登機前，親自送了三盒蛋糕至機門口，為組員加油打氣，令全體組員深受感動。

Moonshine 整理了二個處理重點，首先，對情緒型乘客應高度表達處理誠意、語氣平和並持續保持風度：「會盡力依照您的需求為您調整」，第二個重點：對結果不做過度的承諾，能承諾的部分是「盡其在我」，在合理的範圍內盡力尋求解決資源與支援。

用這服務案例來看「溝通之舞」，Moonshine 指出在工作中溝通的大原則：既要進入角色賣力演出，也要跳脫角色視框，提高看事情的高度與格局，走出「委屈」與「被欺負」的受害者意識。

由此，Moonshine 歸納出三個必要的職場溝通修煉：

* **歷程記錄之必要**：依時間記下人事物，有助於客戶資料的建檔，若出現紛爭時，更有助於後續追蹤事實。

* **進入角色賣力演出之必要（前台）**：有時候，難免遇到需要比較多關注的服務對象，即使受限於職權或現場資源，也許當下不能滿足對方的需求，但服務的誠意一定要表達到位。

* **情緒穩定提升視野之必要（後台）**：「我的心情，我決定。」Moonshine 認為服務人員有時還需要扮演心理工作者的角色，要有足夠的心理強度去面對被服務者情緒性的評價。在上述案例中，既

要有一定的處事準則來維護同艙等顧客的公平性，也要能保持心理彈性，平和地處理事件。

◆ **溝通金鑰**：與其想改變對方的行為，何妨創造我們想要的氛圍。隨時自我覺察並自我提醒，避免陷入溝通對象的情緒風暴中，更重要的是，這也在過程中創造新的空間與機會點，讓助力與支持系統有機會介入。

✐ 優質溝通 來自可設定的情境──尊重流程但保持彈性

溝通失焦是職場常見情境之一。在溝通時，人們往往忘了自己原本的目的，溝通到一半就脫離了主題。該怎麼做自我訓練，才能避免溝通失焦？

Moonshine 提供了一個溝通聚焦的範例，多年前，她曾參加國際演講俱樂部 Toastmasters 的固定聚會，這個社團訓練參與者公開進行英語演說與領導的能力，採用沒有老師的「互助式」訓練與學習，在「議事劇本」中，每個角色各司其職，主席，演講者、計時者、贅詞紀錄者……，每個人每次聚會都有機會扮演到不同的角色，互相提醒，共同學習如何在互動中快速聚焦與視角切換。

這個團體能發展出如此成熟的聚焦溝通模式，來自關鍵性的「心約定」──團體協約。團體協約是非常重要的溝通情境設定，事前把

每一種流程中可能失控的元素拉出來，指派角色監控提醒，每次的氣氛都能做到既輕鬆又準時。這樣的風氣一旦形成，就能發展出一套非常優質的溝通文化。

通常在學校或是產業中，都會有自己的一套劇本——行事曆或年度計畫，但她也提醒大家，你不能期待每一個人都照劇本演出，這樣就是陷入了僵化的思維。

職場中無論身處什麼領域，通常都有所謂的標準作業流程（SOP），有時還會制定基礎服務用語。對於初入職場的夥伴，SOP是基礎的使用準則；但是隨着年資的增加，SOP便成服務準則的最低標，對於已進階的工作者，需要遵守 SOP，但切忌過度執着造成形式僵化，失去服務與溝通的初衷。

✎ 以和為貴、三方滿意的溝通戰術

為了達成不同的溝通目標，Moonshine 提供了一些做法，「以和為貴」，以三方滿意（買方滿意／賣方滿意／社會滿意）作為溝通的起始點也是終點。以在航空公司顧客的互動為例，以「信」（誠信）為核心，Moonshine 將互動模式分成「仁義禮智」的四種溝通境界；因應不同類型的情境，有不同層次的和諧與互動心法。

仁之境界：有些華航之友的熟客很有趣，不一定挺公司，但一定

挺組員，這已經從「客」的層次變成「友」。她形容，「顧客能在我們需要或未表達需要的時候，就以行動表達了支持，有時是一句話「你們辛苦了」或是各地的特產分享，為我們加油打氣，這是『仁』的層次，畢竟站在服務者的立場，感受到主客互換，讓被服務者照顧著，是很暖心的過程，我們也會湧泉以報。」

義之境界：不一定是熟客，常常在偶發事件中見到真性情，即使萍水相逢，也很能同理組員，比如機內有急症病患需要協助，這類旅客就會主動跳出來幫忙，提供協助或讓出資源，對扮演服務者但資源又有限的我們，面對情義相挺，就像是乾旱遇上即時雨。

禮之情境：這類情境占最多數，就是一般性互動的旅客，在搭機的時和我們保持一定的距離，以禮相待，資源充裕時很開心，資源不足時也能接受，這類型的互動情境也很舒服。以 Moonshine 自身的感受而言，95% 以上的與顧客互動情境都是屬於前三類的。

智的互動：至於另外 5% 的互動情境，包括了堅持要求特定物資者，還有一些動輒以申訴為要脅者，此時就要動到「**智**」（智慧）的層次。對於對方任意揮灑的情緒，要以智收攝，表達的部分只要點到為止，重點放在聆聽，積極回應對方的需求，聽懂聽完。情緒則是「風度」要到位。

因應四種不同類型的溝通互動情境，回扣到以「角色扮演」為主

軸的溝通之舞，為了結構化每個人在職場與生活上的應用，Moonshine以自我檢核表分為兩個面向來探討，一個面向是「自我調整」，一個面向「人我觀察 RPG」則來自於對電玩角色扮演遊戲的觀察，她稱此溝通之「舞」為「**止觀雙運 RPG**」的調控模式，「止」指的是先讓自己的內心安靜下來，「觀」則是觀察者視角，從自我調控的自我觀察視角，延伸到人我觀察視角。

	止／觀	「我」的角色扮演之人物設定	「我」的情境模式
自我調整	先定調（保持彈性）	「我」的調性自我觀察：主人／老師／介紹人／朋友／專家／同事／消費者／銷售者／衛教人員／保全／清潔人員／風紀股長……	激勵模式／破冰模式／成交模式／報告模式／追求模式／教導模式／示範模式／調解模式
	再微調（莫忘初衷）	前台表達（得分項）（內容＋態度）	語言工具（例：服務用語）
			非語言工具（語氣腔調／肢體語言）
		後台表達（加分項）（內容＋態度）	語言工具（例：聊天用語／業配語言）
			非語言工具（語氣腔）／肢體語言）

人我觀察 RPG					
類型 **勾選**	仁	義	禮	智	信
對象角色	觀察對方的多重角色： 客戶／小孩／銷售員／朋友／專家／長輩／乘客／老師／參訪者／NPC……				
情境模式	觀察對方的互動模式： 肯定／讚美／一般／冷漠／威脅／鼓勵／裝熟／無知／天真／抗拒／防衛……				
我方快招 **（要即時）**	情真意切	共振共鳴	待之以禮	人際界限／信守承諾／感恩致意／誠懇表達／虛心聆聽	
我方大招 **（需醞釀）**	佈局／集氣／等待／出招／持續佈局／持續集氣／持續等待／持續出招……				

🔑 話語的節奏與溫度 在在影響溝通效果

Moonshine 指出，話語的節奏與溫度都會影響溝通的效果。面對有點小耍賴耗時間的溝通對象，處理起來可能需要明快一點。老師舉出一個例子，在一次東京飛夏威夷檀香山航程中，晚餐結束後，頭等艙有一位日籍旅客找來經濟艙的兩位朋友聊天，就坐在頭等艙的地板

上喝酒，這引起其他頭等艙旅客的側目。日籍組員很委婉客氣地請那兩位經濟艙的乘客回座，但都不被理會。

聽完日籍組員的陳述，當時還是助理座艙長的 Moonshine，很有默契地跟著客艙經理走到那兩位旅客前，客艙經理用極為熱情歡愉的語氣腔調用日文說「對不起」，她則跟著做出五指併攏的指引手勢，朝著經濟艙的方向一比，同時欠身帶著微笑，以上揚拉長而禮貌的語氣說「請」（「どうぞ」），兩位「喝醉」的旅客搔搔頭，站起身，步履蹣跚地離開了頭等艙。

有趣的是，日籍組員花了半小時說了很長的敬語，都請不回這兩位旅客，台籍組員卻用了兩個字與明確的肢體語言，30秒就達成任務。該堅持的品質可以堅持，但表達的溫度要到位。因此，只要善用節奏與表達，文化和語言未必是隔閡，反倒成了溝通上的助力。

觀察生活中能讓人感覺「如沐春風」的人，Moonshine 解讀他們多半有一種自成一格的說話基調，有的典範不急不徐，音調沉穩而感性，善用停頓，引導聽者緩緩進入他的意象世界。另一種典範的語速較快，言之有物，鞭辟入裡，這樣的表達方式相當有感染力，讓人陶醉其中。

這兩種表達典範，卻有其共通之處，就是都「自帶氣場」，對生

命、對生活的大方向與細節，在舉手投足間都充滿熱忱，興致盎然。如果要做自我訓練，Moonshine 建議，要學習典範對生命的熱忱與投入，加上「止觀雙運 RPG」的調控模式，必能培養高度的自我覺察力、情境洞察力，成為深具影響力的溝通者。

林夢珊小檔案（Moonshine －月光姐姐）

- 合美思敘事空間 創辦人（生命史／多元藝術整合療育）
- 勵活課程設計中心 講師（創新服務／藝術療育）
- 啟軒企管 企業培訓顧問
- 墨爾本皇家理工大學航太管理碩士／淡江大學教育與心理諮商碩士
- 前中華航空公司客艙經理／交通部民航局績優空服人員楷模

羅娜

15 溝通就像一場美麗的舞蹈

| 羅娜溝通金鑰 |

永遠抱持著再學習、再提升的態度，每一份挑戰對我而言都是收穫大於付出！西方學人說：「要成功，就要走一段人煙罕至的路」，我一直在開創自己成功的道路。

在證券金融業工作多年，曾應邀至法務部調查局、地檢署，及行政院執行署講解證券交易實務，亦曾至對岸多家證券公司講授全面客戶服務課程，為自己注入多頁精彩人生的篇章，羅娜老師更得到許多民間及官方機構的肯定，她憑藉的不僅是個人專業，更多的是她長袖善「舞」的溝通技巧。

其實羅娜早年就有豐富的「授課」經驗，任職金融證券業期間，從公司的內部講師、擴展至證基會的外部講師，到目前的專業講師。因此，清晰的邏輯思考，以及表達力、說故事力、整合論述力，成為她個人鮮明的標記。

而在多年職場歷練中，她經歷了無數次的溝通、協調、談判，見過無數金融人士的興衰跌宕，可以說是累積了大量的心得與經驗，這些經驗也協助她在講師的領域中，能夠成功地幫助學員們開拓自己的視野，同時避免人生及職場中的失誤。

　　以前，羅娜的課程偏重於金融證券的實務專業，現在的她更專注在企業講師的角色發展，不斷精進自己的本職學能，也持續不斷的學習溝通及授課的技巧。她認為，**「知識是要透過傳遞、分享，才能化知識成智慧」**，尤其她擁有溝通的傳遞力及化繁為簡的說服力，並且能站在學員的角度去引導及帶動，更能建立起彼此間教學相長的創新能量。

　　羅娜這樣形容自己，**「在我的一生中，得到太多老師、前輩的知識傳授與教導，讓我成為一位能站在講台的人。因此現在的我，是以無相佈施的心態來扮演好講師這個角色，希望為學員們帶來更豐富性、更多元化的知識，並透過交流互動，提升彼此的能力。」能為大家做出貢獻，能為社會做些回饋，是她對自己深切的期許。**

溝通舞者的心、語、境

　　羅娜詮釋道，在職場中，在家庭中，任何一次溝通，都可以看做

是一場舞蹈。舞蹈的身段可以優美柔軟，也可以慷慨激昂；在不同的場景裡，隨著韻律、節奏舞出故事情節，表現出戲劇張力而獲得共鳴。

好的舞藝，若再搭上燈光布景，不但能在效果上加乘，在觀眾整體的五識感受上更能展現出完全不同的攝受力。而在溝通中，羅娜將燈光比喻話語的調性與速度，用布景比喻溝通的時機與場合。

❖ 舞者的心

在工作中，經常要處理客訴、帶領難以駕馭的部屬，還常遇到本位主義極重的同事、得注意主管的防備心、要做好跨部門的溝通協調……而在家中，羅娜則也扮演著火車頭與母親的角色……不同的情境，就像不同的舞台；事情的演進，反映不同的劇情。

要在這些不同的場景中扮演好一個舞者，首先要有堅強且有彈性的心境；勇敢而不畏懼，柔軟但不退縮，有所堅持但不固執；立場在於「善意的協助」、「正向的批評」，心態在於期待對方改變行為或思維，而能更進一步成長。堅定自己的「心」，才能在不同的舞台上，扮演好一個溝通中的舞者。

❖ 舞者的語

在國小五年紀的時候，羅娜接受了老師嚴格的訓練，老師要求她

很早就到學校，教她念稿子、念作文，教導她朗讀與演講的技巧，培養她成為學校參加國語文競賽的小選手。

她當時非常抗拒，但在成長以後，她把這位老師當成是人生中最大的貴人，因為從小，老師就幫她打下了用聲音溝通的基礎。

肢體動作是舞者的語言，而口中說出的話語就是溝通者的舞蹈。這裡講的話語不一定是說話的內容，更多的是說話的語氣及語調！不同的場合，得用不同的方式來說話。

例如在會議時報告自己部門的績效，就應該以堅定而平穩的語氣來說話，遇到主管提問，態度不慌不忙，語調不急不徐，用自信去回應。而遇到必須演講，例如說明產品的場合，則可以運用適時的手勢來加強自己的主張。

羅娜認為，這些技巧可以透過自我練習來加強，像是對著鏡子說話，觀察自己臉部動作，進而加強自己的表情表達；也可以把想說的話寫下來，在腦中想像說話的場合，然後說給自己聽，一次又一次，調整自己說話的語調、語氣、和語速。當這樣的說話成為習慣，就能練好溝通舞者的「語」。

◆ 舞者的境

溝通的場合很重要，如同要表現戰爭的舞蹈，背後的場景不會是咖啡廳。針對不同的溝通對象及事項，要儘量設定好溝通的地點。例如要跟部屬談績效，那就儘量不要在辦公室裡面講，應該要在會議室裡面，做封閉式的一對一對談。

又例如跟青春期的孩子溝通，就不要先預告要討論的時間或地點，像是早上孩子出門上學前，就告訴他今天早點回來，有事情要跟他說，這反而會造成孩子的壓力與抗拒。或許你利用一些偶然的機會，例如吃完晚飯後，在離開餐桌前，做一個預期之外的對話，這時候孩子會比較能說出自己的想法，也比較能聽進去父母的建議。

而與不同關係的人互動時，距離也是一個重要的因素，離得太近，會造成壓迫感，離得太遠，又會有陌生的感覺。

根據研究，與親密的家人談話時，一般適合的距離大約在 50 至120 公分，這是私人距離。在職場上的溝通，也許是一般商業性對話，也許是幾位同事間的討論，適合的距離在 120 至 360 公分，這是適當的社交距離。如果是上台演講或授課，距離則在 360 公分以上，這是公眾距離。

要學習挑選溝通的舞台，並不困難，隨時保持同理，也就是儘量

接近對方的感受，將心比心，就能選擇好舞者的「境」。

注重溝通細節 避免溝通失焦

我們常常發現在溝通的過程中，突然跑離主題了，本來要討論專案如何進行，到後來大家在比較嘉義那家的雞肉飯比較好吃。羅娜指出，這往往是因為有時候溝通必須從迂迴的角度切入，或者因為過度自由的討論氛圍而失去了焦點，忘記原本要溝通的目的。

而在組織裡前台與後台單位溝通的過程中，常常因為各自持堅立場，造成失去焦點的溝通。前台的角度當然會站在客戶的立場面較多，而後台也必然維護自己所控管作業流程的風險面，因此，原本想共創組織價值的協商，演變成各執立場的觀點爭論。如果大家的話題都專注在觀點的爭辯，那就掩蓋了溝通的最終目的，而停留在「道不同不相為謀」的思路中。

要避免以上這些狀況發生，羅娜指出幾個重點：

◆ 避免溝通失焦，還是要有主導者或自行設定溝通內容的界限，控制討論的議題，或是發生爭議時的斷點，適時講回話題，拉回溝通的核心。

◆ 參與溝通者事前的準備極為重要，溝通時效的掌握，冗長的論述往往會造成擦槍走火，所以情境與場面控制，要拿捏恰到好處。

在金錢遊戲的證券市場，客戶與你之間沒有永不變質的交情，在溝通客戶的投資事宜時稍有不慎，客戶就會直接投訴主管機關，這種情形很常見，也經常造成公司的困擾，所以從羅娜的職場經驗中，特別提醒大家要注意溝通的細節，格外顯得重要與必須。

羅娜記得有一次，客戶的外幣款項匯錯了帳戶，銀行辦理退匯時，要收取中轉行的手續費，這筆費用與客戶認知和預期落差很大；客戶認為銀行沒有盡到充分告知的義務，造成額外的費用損失，事後處理人員又沒有做到柔性的溝通及同理的安撫。明明原本只是一件小事，最後卻搞到主管機關來關切。

如果在處理這件事情的時候，能先做好與客戶的溝通，其實只是一個當下提醒，或電話補述說明，讓客戶知道會有一筆退匯的手續費，所以會多負擔幾百元金額，實際數字須看中轉行訂定的收取標準。因此只要稍微注意一下溝通的細節，多一點叮嚀及關心，也就不至於因小失大。

🔑 擬定戰術，順利完成溝通的目標

溝通是為了形成彼此的共識，進而達成團體的目標，所以擬定好溝通的戰術十分重要。

羅娜的職場，在數位化的過程中曾經發生部門間的排斥、反抗，甚至有固守一方城池、例如「其他部門數位化，不要調動到我部門的人」的情形發生，大家都怕數位化搶奪了自己的工作權。

最後，以**形－勢－策**的分析角度，從 E - S - O - P - C 切入，也就是「Environment」：先清楚外在的環境；「Strategy」：擬出因應的策略；「Organization」：完成組織的改造；「People」：設定人員管理獎酬的制度；「Culture」：達成企業文化改變，最後成功地化解了員工的疑慮，並且達到數位化的組織目的。

在這個過程中，羅娜列舉出溝通的重點目標，以及達成這些目標的方法。

* **破冰**──化解對方的疑慮與否定，要先保持溝通的坦誠，讓對方知道，自己明白他的想法。可以在溝通時講一些幽默的小故事，在解除僵局的過程中，都可帶來意想不到的效果。

* **激勵**──鼓勵轉型，勾勒出公司未來發展的藍圖，讓員工了解轉型

的目的是為了讓大家的明天能更好，激發轉型誘因，才有正向動力。這時的溝通重於讓員工了解，數位化並不會完全取代人力，反而能促使個人職能更為提升，取得認同，並且必須鼓勵與激賞員工的創新勇氣。

* **成交**——在溝通中得到員工的信任感，而不是強制性的要求員工去完成工作上的轉變，成交的溝通基礎在於「誠」，也就是誠實、誠懇、誠心。

* **報告**——溝通議案及成果，並且彙整成完整文件，隨時對員工公佈，讓員工知道進度及達成的目標。

* **協商**——溝通中難免會遇到本位主義，或者是員工的抗拒，這時要訴求雙方的同贏共好，用協商取得最大的共識，才能將溝通繼續下去。

* **安撫**——世間沒有絕對的完美，改變勢必無法滿足每個人的需求。這時的溝通技巧是安撫，讓員工接受無法完全滿足的部分要求，並且接受新的工作模式。

* **教導**——教導是溝通的一種重要方法，透過學習成功的案例，讓員工知道怎麼做是對的，什麼方法是有效率的，哪些錯誤是可以避免的。能夠做到這一點，完成企業文化的改變，會更快速及有效率。

🔑 用正確的方式說話

如同我們之前所提到，言語是溝通者的舞蹈，溝通時話語的節奏、速度快慢、抑揚頓挫等，都會影響溝通的成效，就像一起工作的夥伴，必須在做事的步調及方法上能夠契合，才能合作愉快並達成工作目標。說話也是這樣。

在職場中不乏聽到有人會不耐煩的提醒對方「講重點！」這就是雙方說話的節奏、語調、走向不同調了。例如有人上台陳述同仁未配合節能減碳措施，處處可見浪費電能的狀況，希望再度宣導配合事項，達到節能減碳的目標。但如果說話的人聲調語氣低又沒有力道，與會者聽不清楚內容，有哪些新的控制要點，甚至無聊到想睡覺，沒有興趣聽下去，這樣完全沒有共鳴的溝通，當然成效不彰。

所以說話的內容要講到重點，要說明哪一些事項未控制好；規定哪一些表單需無紙化，並且以電子媒體儲存；哪些涉及簽核的作業可以用電子簽章方式解決，並設定績效指標評定的標準；對於達成績效指標的部門，連結獎金發放鼓勵辦法，以及未達標者獎金發放的折扣辦法……等等。

在這個例子裡面，由於是屬於政策宣導的溝通，所以講話的音量要大一些，要讓人感受到話語的張力，語氣要肯定，態度要嚴肅，語

速不要過於緩慢，內容儘量不要脫離主題。

講到要強調的重點時，可以搭配適時的手勢，但注意手部動作不要過大，這反而會帶來威脅感。運用雷射筆在投影上點出希望大家注意的要點，也是抓到溝通節奏的好方法。

🔑 對話力的建立

話不投機半句多，話說得投機，溝通就容易奏效，這就是投機度。在對的時間談對的事、在對的場合談對的事，這是契合度。

在羅娜的職場生涯中，一直屬於後台功能，後台是支援單位，不像利潤單位直接衝鋒陷陣、有明確的戰績數字，但後台的支援力、風險控管力，卻常常是企業的「隱形冠軍」。對於後台支援質量的績效，不像商品有材料來源、品質優劣測試那樣有具體的標準，若常將功勞掛在嘴邊邀功，可能反倒被解讀為是在「訴苦」。因此作為支援單位，若能適時在對的關鍵時機與會議場合，提出論述觀點，不僅可謂自己加分，更可提高說服力與能見度。

所以在什麼樣的時機談什麼議題，什麼樣的場合提出什麼論述，極為重要！你也才不會變成一個永遠搞不清楚狀況的職場「天兵、天將」。以下羅娜舉了一個案例說明。

有一次會議中，要檢討流程簡化及數位轉型，這涉及了很多後台流程整合、精簡與自動化作業，是個必須做各相關部門溝通配合的議題，所以溝通的內容，必須適時提出平日的作業模式與研擬方案；溝通的目的，在於獲得共識與更深入了解作業的程序。這時你只要清楚地站在公司營運策略角度去溝通，終將獲致各部門的認同、共同配合，而獲致雙贏。

　　對話力是現今非常重要的職能，即便是家庭主婦主婦，也需具備對話力，而要做到處處受人歡迎、讓人感覺「如沐春風」，其實可以透過刻意練習來自我訓練。

　　訓練的第一步驟是專注傾聽，在對方暢言後，你也掌握了對方的訴求重點與情緒，同步整理自己應對的節奏與相呼應的情緒，插入話題的時間點。

　　訓練的第二步驟是用對的方式說話。羅娜曾經花了數年時間訓練自己抑揚頓挫的語調、面部表情，在辦公室多察言觀色，勿踩逆鱗話題，勿在浪頭上交鋒，果然心平氣就和。同時「事緩則圓」，很多時候給予彼此冷卻時間；「激將法」的拿捏分寸若沒把握掌握得宜，就不要任意擅用；多找人練習說故事的能力；在家中看影片模仿練習別人說話的方式；面對鏡子校正表情、練習適合的語調……，以上這些

方是，都能收到一定的效果。

　　俗語說，「伸手不打笑臉人」，羅娜提醒大家，只要維持好自己的心態，掌握好溝通的舞步，就能做好每一次的溝通，在職場如魚得水、互動通暢。

羅娜小檔案

- ‧國立中興大學經濟學士
- ‧臺大管理碩士學分班
- ‧證券公司結算部主管
- ‧證券暨期貨發展基金會 訓練講師
- ‧法務部財務金融班、地院檢察署檢察官、行政
- ‧執行署執行官金融課程 證券實務課程講師

黃宏嶸

16 如絕佳球隊般的溝通策略：
傳得到位、接得舒服、順利得分

｜黃宏嶸溝通金鑰｜

我們常以為自己說得很清楚，但對方卻聽得很模糊；

覺得自己說得對，但對方聽不舒服。

把溝通當成辯論，辯贏了，以結果來說都算輸；

溝通其實是一個共創雙贏的歷程。

「一個成功的溝通者，永遠是一位有溫度的人。」這是現任宏星國際管理顧問公司課程總監的黃宏嶸對於溝通深信不疑的核心價值。

🔑 兼顧眾多社團 奠定溝通軟實力

自高中擔任康輔社副社長與參與籃球校隊，便熱愛團隊凝聚與價值共創，經常籌辦各種活動，是個稱職的領導人；大學原就讀物理光電，因嚮往人才培訓、行銷管理轉為企管系，也擔任學校學生會的會

長，辦理校慶、全校社團幹部訓練等大型活動，亦活躍於許多校外社團，擔任 OBT（外展教育基金會）指導員、救國團訓練員等，更參加國際扶輪青年服務社近 10 年的時間，兼顧參加校內外近 10 個社團，更曾獲選為大專優秀青年；為精進教育培訓知能，便攻讀臺師大公領所（公民教育與活動領導研究所戶外領導組），就讀期間曾帶領溯溪、獨木舟、登山、自行車等各式戶外團隊課程，培養各種戶外技能與引導技巧。

從事培訓至今，已具備 10 多年的授課經驗，擔任引導師、培訓師，也創立了宏星國際管理顧問公司，為客戶規劃各項培訓課程；經歷了多采多姿的人生，擁有 20 多年帶領活動的經驗，帶領過各種大型專案團隊，被朋友暱稱為「小槍」的黃宏嶸，絕對是不折不扣的溝通專家。

✂ 真誠回應 確立自己的生涯志業

黃宏嶸始終走在與教育、培訓相關的同一條軌道上，讓他年紀輕輕、便成為頗為成功的專業講師。

黃宏嶸回憶，有一次在演講完畢後，一位女孩若有所感，表情稍顯凝重，在下課後走了過來，對他說：「老師，謝謝你，今天的課程有好多有共鳴的地方！」他問對方：「謝謝妳，妳現在大幾了呢？」

給予女孩一個簡單的問候後，女孩這麼說：「我原本應該大三，但是現在大一，因為一些原因重考了，我感覺有些壓力。」

「辛苦了，壓力一定很大吧！」他緩緩的回應；突然，似乎積累在女孩眼眶的淚水開始醞釀，隨即潸然而下。他們又聊了一段時間，最後女孩拿起桌上的衛生紙擦擦眼淚，說聲謝謝與道別後，離開了教室。

這只是一堂兩小時的分享課程，因為學校規定，學生一定要在畢業前，聽到一個規定時數的演講。說真的，他不確定在演講的過程當中，是哪個環節觸動了她？

在學校的規定下，大部分同學一進教室，下意識的會呈現抗拒狀態，手機開始準備，混過時間就算了；但黃宏將總深信，演講中每一次的分享或互動，都有機會讓同學發生改變。

在分享的過程中，透過輕鬆的對話、簡單的互動、真實的反饋、與深切的省思，他發現許多同學的眼神開始不同，從椅背上開始將身體前傾、起初的倦態有了笑容，最後得到他們的真誠回饋。

同學寫下滿滿的文字深刻反饋，他知道，某些異於以往的可能性開始發生，就像那次課程結束，女孩離開以後，他望著那張被抽起的衛生紙，期待那個女孩，能重新拾起一些向前走的力量，為自己、也

為身旁的人，有勇氣繼續努力下去。

🔑 學習，是為了活出美好

　　秉持熱忱與創意，在超過 10 年的講師生涯中，黃宏嶙每年有上百場的課程，客戶包括各大產業及知名公司，例如麥當勞、微軟、嬌生集團、羅氏大藥廠、勤業眾信、中國生產力、精誠資訊、南山人壽等等。

　　在這些企業內訓的課程大多以團隊訓練為主，例如：團隊共識、團隊建立、團隊凝聚與跨部門的溝通協調，並運用情境式的團隊課程，深層的對話與引導，達到學習的最佳效果；樂於分享的宏嶙也經常受邀至各大專院校、政府部門、非營利組織，講授團隊領導、溝通表達、教學活化、以及引導反思技術等課程。

　　即使已是備受肯定的講師，黃宏嶙始終不忘精進自己，在擁有ATD 培訓大師、美國 AL 加速式學習引導師、英國劍橋 FTT 引導式培訓師、美國 NLP 專業執行師、亞洲體驗教育學會引導師等認證之後，他依然不斷參加各種領域的學習課程。

　　在講師這份志業上，黃宏嶙期待看得更遠更寬廣，多站在別人的角度多想一點，耐心的包容，並接受不一樣的聲音，透過活動課程的設計、多元的教學手法，引導學員深入反思及運用。

「微糖趣冰」，是黃宏嶠所創立的教育學習品牌，同時也是授課理念，透過有效有趣有創意的學習模式，為學習加些糖份，使學生去掉與知識間的冰層、融掉人與人之間的隔閡，為企業的價值加料，讓彼此的學習加速！期許點燃學生對學習的熱情，並且人人都能透過學習，活出生命的美好。

🔑 溝通的開始 始於共識

在這樣一位深受歡迎的講師心中，如何詮釋溝通？黃宏嶠從團隊共識的方向來加以說明。

小的團隊可能只有幾個成員，大的團隊可能包括幾個部門、上百個人；要能有效協作，完成共同的目標，首先就是要透過有效溝通促進「團隊共識」。然而每個團體中的個體都有自己的主觀意識、利益關係，要能減少彼此的對立，達到彼此的「共識」，溝通才會有效。

我們都知道，共識建立得越濃密，大家的主動性就越高，執行的效率也就越好。要能做到這點，我們必須：

◆ 以促進溝通效率的角度切入。

◆ 在提案、向上溝通、向下溝通等方面做好策略的導向。

◆ 透過溝通策略，促進彼此共識，達到溝通目的。

團隊合作的共識，往往透過會議來完成。第一次的會議永遠都是共識會議，任何一位參與會議的成員，三要領，如下：

1. **聽見聲音背後的聲音**：放下自我，聽別人的聲音，聽別人的需求。

2. **說對的話**：有效率的說話，不要無的放矢，不要過於離題，更不要有過度的情緒性發言。這樣去做，溝通的效率自然就會提高。要能善於利用數據，或是生活上的一些案例，去說明、或支持自己的提案或觀點，讓參與會議的長官及部屬，能清楚的了解到自己的想法及可能的做法，並得到大家的信任。

3. **保持「三心」**：保持穩定的「心情」面對對方提出的問題；保持「心思」上的清晰，去思考對方提出的問題；保持「心態」上的開放，去接受對方所提出的問題。

黃宏嶈指出，身為領導者促進團隊的溝通策略之一就是「引導技術」。透過團體領導者的提問、營造安全的對話環境等方式，讓大家說出心中真實的想法，確實的表達自己的意見或意願，透過回應，真正參與到團體裡面，引發成員完成任務的動機。當大家的想法逐漸達成一致，團體的共識也逐步達成了。

⚷ 完整溝通的三大步驟

要做到完整並不失焦的溝通，這三大步驟一定要做得到位。

❶ 精確的傳遞訊息─傳得到位

在這裡我們要談到溝通中的 OTFD，也就是觀察（Observed）、思考（Think）、感覺（Feel）、執行（Do）。我們分別以例子來說明：

◆ **透過觀察**──陳述事實面──「我發現你這個企畫案上面，還是有許多需要改進的空間。」

◆ **透過思考**──站在對方立場──「我想，在這次的企畫上，你應該很努力了，但是不是不太知道從何下手？」

◆ **透過感覺**──表述你的感受──「你這樣就把企畫案交上來了，我其實覺得有點難過，這個案子沒有辦法這樣執行，你應該多想想。」

◆ **透過執行**──期待對方的具體行動──「如果下次執行企畫上有問題，希望你可以早點來找我，這樣問題會比較好解決，好嗎？」

透過以上這四種方式來精確的把訊息傳遞給對方，也告知對方自己希望對方能夠改進的做法，是溝通有效的明確要件。

❷ 確認對方有效的接受了訊息—接得舒服

在前面提到的例子中，我們可以依據對方的回應，來了解對方是否真的接受了我們所提出的訊息。如果對方有點沮喪的說：「是，我知道了，我再努力一下。」；或者經過一段時間的沉默及思考後，開始詢問：「是，我了解了，我在財務 (或活動設計) 上並不那麼熟悉，我應該怎麼做比較好？」這時，我們就知道對方確實接受了我們所希望傳達的訊息，反之，則需要進一步透過覆述、提問，了解對方是否明確了解你想表達的意思，先確認這球順利接住了，然後也別忘了採用對方舒服的溝通方式，讓對方能輕鬆接住，而每個人習慣的接球方式不同，如何讓對方接得舒服，則會在後面的段落提及。

❸ 溝通的目的是要展現成效—順利得分

我們所舉出的例子，是要協助部屬解決工作上的問題，所以在溝通前，就要先思考好期待看到的改變與行為展現，例如在確認對方接受我們的訊息後，對方應該要做出的回應。

其次就是要給予回饋建議或指導，必須給予對方學習及改善的時間，但這個時間必須有期限，例如，「你學得很快，你一定可以做得很好，在這個企畫中，你所負責的部份，還有兩個禮拜可以完成，加油！」

最後要能追蹤對方的行為及改變的成果，例如，使用工作報表來掌握進度，善意且適時的詢問，去了解對方是否能在期限內達到要求，最後當對方將工作完成時，請不要忘記給予真誠的鼓勵與讚美，那會是溝通中很棒的催化劑。

🔑 從破冰到達標的溝通技巧

在職場上、生活中，我們常常會遇到一些「從無到有」的溝通過程，尤其是對於在前線衝鋒陷陣的業務人員；要怎麼做，才能與一個原本完全不認識的人建立關係、獲取信任，達成不同的溝通目的，其實需要一些技巧。

◆ 破冰開始的訣竅，就是增加信任度及認同感；找到彼此的共同點，是最有效的方法。首先我們可以經過一些同步，來展現自己的親和力，例如跟對方說話的語調跟語速同步，跟對方所表達出來的肢體訊息同步，例如對方是個喜歡笑、動作大的人，你也可以用同樣的方式跟他說話。

也可以適度的揭露一些自己的訊息，例如自己是哪裡人、什麼學校畢業、興趣是什麼、專業在哪裡，慢慢地就可以找到彼此類似的地方，並且促進彼此的信任感及透明度，當關係有了、場域安全了，自

然就更加願意說出「真話」了。

　◆用探詢式的提問，去知道對方的期待、目的、跟需求。儘量做到「少說」及「多問」，「少說」是因為你要用心傾聽及觀察，覺察到對方所透露的資訊；「多問」是要你站在對方的角度去提問，去發掘更多對方所沒有透露出的訊息。而後你才能探知對方的立場是什麼，例如是希望你能給予他更多的優惠或福利、還是只是希望順利簡單的解決他的問題就好？

　◆在了解對方的立場與需求後，我們要能拉近認知上的差距，達到目的上的共識。這時候要能舉出能為對方解決問題的方案，適度且自信的提出自己的期待，例如產品價格上的堅持、交貨時間的延長等等。

　◆最後要做好「期望管理」這個工作，在答應對方要求時，一定要預留一些時間或空間。例如你預計 7 天可以交貨，你可以答應客戶10 天，因此當你提早交貨時，客戶也會提高對你的滿意度；又例如網路上的銷售，當客戶一次購買到一個金額時，你就送一個小禮物給她，不必是很貴的東西，但這樣預期之外的驚喜，也能增加客戶的忠誠度。

🔑 說話的技巧，就是打配合、做組合

　溝通有許多面向，包括說服、談判、教導、建立共識等等；依據

不同的對象，用對的說話方式來溝通，才能達到效果；「見人說人話，見鬼說鬼話」不是一句空話，但我們換個方式來講，說話的技巧就像籃球中的打配合、打組合，而不是想把球丟哪、就丟哪！

這裡特別要談到 DISC 的識別及運用，依據這個概念，黃宏將將溝通對象分為以下 4 大類：

1. D-Dominance，**擔任指揮者的老鷹**：這類人的人格特點包含：「喜歡掌握全局的感覺，是能幹有自信的決策者，個性果斷，會與他人保持距離，獨立且追求成功動機強烈。」

跟這類人的溝通，要注意：「切入重點，不拖泥帶水，給予明確回應及完整解決方案，提出預防性的快速決策，及委婉提醒錯誤。」

2. I-Influence，**擔任影響者的鸚鵡**：這類人的人格特點包含：「外向、友善且自信，期待得到大家的認同，在任何場合中正面互動，對人際關係敏感，喜歡群眾、重視人的感覺。」

跟這類人的溝通，要注意：「熱情回應，用副詞修飾自己強烈的情感，經常告訴他，『你講話很有趣！』。」

3. S-Steadiness，**擔任支持者的鴿子**：這類人的人格特點包含：「依賴獨斷者的領導，友善、穩重、可靠、忠心，能自制、有耐心穩

步向前。善於聆聽與輔導，面對繁瑣工作具有毅力。」

跟這類人的溝通，要注意：「多一些溫暖的話語，多一些關懷與包容，用引導帶領他的思考跟決定。」

4. C-Compliance，擔任思考者的貓頭鷹：這類人的人格特點包含：「會透過規則與邏輯影響他人，善於整理事實與處理細節，運用架構規則完成目標，喜歡規則和秩序，研究事實並遵循事實。」

跟這類人的溝通，要注意：「與他保持適當的距離，用數字說話，讓他說話，善用比較法跟他說話（給予一個以上的選項）。」

溝通的失敗，往往就是因為溝通中的彼此，沒有注意到對方的溝通類型，就像籃球場上，明明對方習慣在頭頂接球，你卻把球往他腰部投去，這樣的不同調，當然就會造成溝通中的失誤跟風險。

所以，一定要能了解對方或團隊的行為特質，做出組合式的因應，採用不同的方式溝通，才不會踩到對方的紅線，做到順利的溝通。

✂ 主動積極的讚美與回應 是溝通王道

人都是重視感覺的，而如果想要成為一位讓人感覺「如沐春風」、想要與之溝通的人，黃宏將建議，我們必須有一些具體的作為。

◆ 要主動積極的回應。我們有時候會說，「沒有回應，會有報應。」沒有人希望被「已讀不回」或「不讀不回」；請記得，回應在關係中是一種責任，也是在溝通中的一項重要能力。

　　◆ 角色的變換要明快，現在扮演什麼角色，就要進入這個角色的溝通狀態及模式，就像是別用上司的角色，應對下屬的溝通模式，對待你所最親愛的家人。

　　◆ 溝通是被動，激發是主動，請善用真誠讚美三法則：真誠、具體、即時。傾聽要積極，請隨時維持「SOLER」的傾聽模式：以適當的角度面向對方（Squarely），抱持開放的心態及姿態（Open），上半身適當的向對方前傾（Lean），眼神的注視，要讓對方感到尊重關注（Eye Contact），同時保持放鬆的身心狀態（Relax）。

　　◆ 最後，把他人放在心上，真的在乎對方，永遠在心中留個位置給他人。一個成功的溝通者，永遠是一位有溫度的人。

　　總之，永遠主動積極地去回應、讚美、與傾聽，與他人調頻、共振、同步，你也一定能成為那位最懂得溝通的人。

黃宏嶬小檔案

· 宏星國際管理顧問有限公司 課程總監
· 微糖趣冰 創辦人
· 美國 ATD 培訓大師 認證
· 美國 AL 加速式學習引導師 認證
· 英國劍橋 FTT 引導式培訓師 認證
· 國立臺灣師範大學 公民教育與活動領導 戶外領導組 碩士

贏在溝通力
到哪都受歡迎的 4 門溝通課

作　　　者／勵活課程講師群
編輯企劃與統籌／黃聰濱、林易璁
美 術 編 輯／申朗創意
責 任 編 輯／吳永佳
企 畫 選 書 人／賈俊國

總　 編　 輯／賈俊國
副 總 編 輯／蘇士尹
編　　　輯／高懿萩
行 銷 企 畫／張莉滎・蕭羽猜

發　 行　 人／何飛鵬
法 律 顧 問／元禾法律事務所王子文律師
出　　　版／布克文化出版事業部
　　　　　　台北市中山區民生東路二段 141 號 8 樓
　　　　　　電話：(02)2500-7008　傳真：(02)2502-7676
　　　　　　Email：sbooker.service@cite.com.tw
發　　　行／英屬蓋曼群島商家庭傳媒股份有限公司城邦分公司
　　　　　　台北市中山區民生東路二段 141 號 2 樓
　　　　　　書蟲客服務專線：(02)2500-7718；2500-7719
　　　　　　24 小時傳真專線：(02)2500-1990；2500-1991
　　　　　　劃撥帳號：19863813；戶名：書蟲股份有限公司
　　　　　　讀者服務信箱：service@readingclub.com.tw
香 港 發 行 所／城邦（香港）出版集團有限公司
　　　　　　香港灣仔駱克道 193 號東超商業中心 1 樓
　　　　　　電話：+852-2508-6231　　傳真：+852-2578-9337
　　　　　　Email：hkcite@biznetvigator.com
馬 新 發 行 所／城邦（馬新）出版集團 Cité (M) Sdn. Bhd.
　　　　　　41, Jalan Radin Anum, Bandar Baru Sri Petaling,
　　　　　　57000 Kuala Lumpur, Malaysia
　　　　　　電話：+603- 9057-8822　　傳真：+603- 9057-6622
　　　　　　Email：cite@cite.com.my
印　　　刷／韋懋實業有限公司
初　　　版／2021 年 01 月
定　　　價／350 元
Ｉ Ｓ Ｂ Ｎ／978-986-5568-07-8

贏在溝通力：到哪都受歡迎的 4 門溝通課／勵活課程
講師群群著 . -- 初版 . -- 臺北市：布克文化出版：事業部出
版：英屬蓋曼群島商家庭傳媒股份有限公司城邦分公司，
2021.01
　面；　公分
ISBN 978-986-5568-07-8(平裝)

1. 溝通技巧 2. 人際關係

177.1　　　　　 109019090